现代企业财务管理与创新发展研究

寇改红 于新茹 著

吉林人民出版社

图书在版编目(CIP)数据

现代企业财务管理与创新发展研究/寇改红,于新茹著. -- 长春:吉林人民出版社,2022.5
ISBN 978-7-206-19093-3

Ⅰ.①现… Ⅱ.①寇… ②于… Ⅲ.①企业管理-财务管理-研究 Ⅳ.①F275

中国版本图书馆CIP数据核字(2022)第154714号

现代企业财务管理与创新发展研究
XIANDAI QIYE CAIWU GUANLI YU CHUANGXIN FAZHAN YANJIU

著　　者：寇改红　于新茹	
责任编辑：王　丹	封面设计：史海燕

吉林人民出版社出版发行（长春市人民大街7548号）　邮政编码：130022

印　　刷：吉林省良原印业有限公司	
开　　本：710mm×1000mm　1/16	
印　　张：12.5	字　　数：210千字
标准书号：ISBN 978-7-206-19093-3	
版　　次：2022年5月第1版	印　　次：2022年5月第1次印刷
定　　价：68.00元	

如发现印装质量问题，影响阅读，请与印刷厂联系调换。

前　言

　　财务管理是以企业财务为对象,通过组织、控制和协调资金运动的过程,并在正确处理这一过程所体现的经济关系的基础上,保证企业目标得以实现的经济管理工作,它属于一种价值管理,是现代企业管理的重要内容之一,随着知识经济时代的到来,信息技术的发展使得当前财务管理面临着种种挑战。

　　21世纪是知识经济迅速发展的时代,企业中知识资本的转化及其通过实践创新而生产的新产品,可为企业带来丰厚的收益。而企业财务管理在这个信息化的时代起到了至关重要的作用。长期以来,企业财务管理的发展,无论是其规则、内容还是形式,都发展很慢。随着市场经济的发展、大数据时代的到来以及金融管理时间和空间的变化,财务管理的功能已经大大扩展并得到了很大的提升,在一定程度上得到了创新和发展。

　　本书由企业财务管理基本概述、企业财务管理与财务分析、基于现代企业财务制度的财务创新与发展、现代企业财务管理的信息化建设与创新、基于大数据的现代企业财务创新、现代企业财务管理的应用与创新案例研究等几部分组成。全书以现代企业财务管理为研究对象,分析现代企业财务管理的基本概念、基本分类等,并对现代企业财务管理的信息化建设、信息化协同发展模式的创新、大数据时代下的财务管理创新等进行了探究,对从事财务管理、企业财务等方面的研究者与工作者具有学习和参考价值。

目 录

第一章 企业财务管理基本概述 001
 第一节 企业财务管理基本概念 001
 第二节 财务管理的价值观念 012
 第三节 财务管理基本分类 026

第二章 企业财务管理与财务分析 060
 第一节 财务分析简述 060
 第二节 财务分析的依据和方法 063
 第三节 财务分析与评价 068

第三章 基于现代企业财务制度的财务创新与发展 077
 第一节 企业融资管理与创新 077
 第二节 企业投资管理与创新 084

第四章 现代企业财务管理的信息化建设与创新 090
 第一节 财务管理信息化理论基础 090
 第二节 现代企业财务管理信息化建设的意义及措施 101
 第三节 企业财务管理信息化协同模式的创新与探究 104

第五章 基于大数据的现代企业财务创新　　107

第一节 财务管理与大数据的关系概述　　107

第二节 大数据时代下的企业运营　　117

第三节 大数据时代下财务共享服务中心和优化创新研究　　120

第六章 现代企业财务管理的应用与创新案例研究　　137

第一节 "大智移云"背景下财务共享服务中心的建设与创新　　137

第二节 现代信息技术背景下HNDL公司财务战略转型研究　　152

第三节 电子商务企业财务管理模式创新研究　　173

参考文献　　188

第一章 企业财务管理基本概述

第一节 企业财务管理基本概念

企业财务管理,是企业组织财务活动、处理财务关系的一项经济管理工作。企业财务管理是公司管理的一个重要组成部分,是社会经济发展到一定阶段的产物。

一、企业财务活动

企业财务活动是以现金收支为主的企业资金收支活动的总称,具体表现为企业在资金的筹集、投资及利润分配活动中引起的资金流入及流出。

(一)企业筹资引起的财务活动

企业从事经营活动,必须要有资金。资金的取得是企业生存和发展的前提条件,也是资金运动和资本运作的起点。企业可以通过借款、发行股票等方式筹集资金,表现为企业资金的流入。企业偿还借款、支付利息、股利以及付出各种筹资费用等,则表现为企业资金的流出。这些因为资金筹集而产生的资金收支,便是由企业筹资引起的财务活动。

企业需要多少资金、资金从哪儿来、以什么方式取得、资金的成本是多少、风险是否可控等一系列问题需要财务人员去解决。财务人员面对这些问题时,一方面要保证筹集的资金能满足企业经营与投资的需要;另一方面还要使筹资风险在企业的掌握之中，以免企业以后由于无法偿还债务而陷入破产的境地。

（二）企业投资引起的财务活动

企业筹集到资金以后，使用这些资金以获取更多的价值增值，相应产生的资金收支便是由企业投资引起的财务活动。

投资活动包括对内投资和对外投资。对内投资主要是使用资金以购买原材料、机器设备、人力、知识产权等资产，自行组织经济活动的方式获取经济收益。对外投资是以使用资金购买其他企业的股票、债券或与其他企业联营等方式获取经济收益。对内投资中，公司用于添置设备、厂房、无形资产等非流动资产的对内投资由于回收期较长，又称对内长期投资。对内长期投资通常形成企业的生产运营环境，形成企业经营的基础。企业必须利用这些生产运营环境，进行日常生产运营，组织生产产品或提供劳务，并最终将所生产的产品或劳务变现，方能收回投资。日常生产运营活动也是一种对内投资活动，这些投资活动主要形成了应收账款、存货等流动资产，资金回收期较短，故又被称为对内短期投资。

企业有哪些方案可以备选投资、投资的风险是否可接受、有限的资金如何尽可能有效地投放到最大报酬的项目上，是财务人员在这类财务活动中要考虑的主要问题。财务人员面对这些问题时，一方面要注意将有限的资金尽可能有效地使用以提高投资效益，另一方面要注意投资风险与投资收益之间的权衡。

（三）企业利润分配引起的财务活动

从资金的来源看，企业的资金分为权益资本和债务资本。企业利用这两类资金进行投资运营，实现价值增值。这个价值增值扣除债务资本的报酬即利息之后若还有盈余，即为企业利润总额。我国相关法律法规规定，企业实现的利润应依法缴纳企业所得税，缴纳所得税后的利润为税后利润，又称为净利润。企业税后利润还要按照法律规定按以下顺序进行分配：一是弥补企业以前年度亏损；二是提取盈余公积；三是提取公益金，用于支付职工福利设施建设的支出；四是向企业所有者分配利润。这些活动即为利润分配引起的财务活动。

利润分配活动中尤为重要的是向企业所有者分配利润。企业需要制定合理的利润分配政策，相关政策既要考虑所有者近期利益的要求，又要考虑企业的长远发展，应留下一定的利润用作扩大再生产。

上述财务活动的三个方面不是相互割裂、互不相关的，而是相互联系、相互依存的。因此，合理组织这些财务活动即构成了财务管理的基本内容，即筹资管理、投资管理及利润分配三个方面。由于投资活动中的对内短期投资主要用于企业的日常运营，是企业最为频繁且相当重要的财务活动，因此也有学者将财务管理的基本内容分为筹资管理、投资管理、营运资本管理、利润及其分配等四个方面。

二、财务管理的定义

企业生产经营过程中的资金不停地流转变化，即资金运动，就是企业财务活动。通俗地说，对企业财务活动进行的计划、组织、控制、协调与考核，就是财务管理。

财务是理财的事务。企业财务就是企业理财的事务。财务管理是指在一定的整体目标下，企业关于货币资金的筹措、投放、营运、分配等活动进行的综合性管理工作。

企业财务管理是基于企业生产经营过程中客观存在的财务活动和财务关系而产生的，它是企业组织财务活动、处理企业与各方面财务关系的一项管理工作，是企业管理的重要组成部分。

资金是资产的货币表现。企业资金则是企业在生产经营过程中归属于一定所有者的有价资产的货币表现。

从资金运用角度来看，虽然资金是企业资产的货币计量，但它的形式却是多样的，包括各种财产、债权和其他的权利，如企业的流动资产、长期投资、固定资产、无形资产、递延资产和其他资产。

企业的资金运动一般依次经过资金的筹集、资金的投放、资金的耗用、资金的回收、资金的分配等几个环节。

（1）资金的筹集。企业进行生产经营活动，首先必须筹集一定数量的资金，包括资金需求量的预测、资金筹集渠道和方式、筹资决策有关理论和方法等。筹资是资金运动的起点，也是财务管理资金运用的前提。

（2）资金的投放，即企业投资活动，由长期资产的投资和流动资产投资组成。包括投资项目与投资方式的选择、投资额的确定、投资的成果与投资风险的分析等。资金的运用是资金运动的中心环节，是资金利用效果的关键之所在，它不仅对筹资提出要求，而且决定了企业未来长时期的财务经济效益。

（3）资金的耗用，即成本和费用的消耗和补偿，包括产品成本和各种费用的预测和决策，对供应、生产、销售等再生产环节各种消耗的分析和控制。

资金耗费要从未来的收入中收回，资金耗用额的多少是价值补偿的尺度。资金的耗费是资金运动的基础环节，耗费水平是利润水平高低的决定性因素。

（4）资金的回收，即销售收入的管理，涵盖企业资金投入生产经营与投资所带来货币收入的过程，包括价格的形成、收入额的确定、结算方式的选择与销售收入实现的过程。企业收入是资金运动的关键环节，它不仅关系着资金消耗的补偿，更关系着投资效益的实现。企业收入的取得是进行财务分配的前提。

（5）资金的分配，即对已实现的销售收入和其他货币收入分配的过程。其内容包括成本费用的补偿、企业纯收入分配、税后利润分配等。分配是资金一次运动的终点，同时是下一次运动的前提。资金分配是企业经济效益的体现，关系到各方面的经济利益，因而具有很强的现实性和政策性。

财务管理作为企业管理的一个重要组成部分，侧重于企业价值管理，是根据资金在企业中的运动规律，通过对企业筹资、投资、日常经营、收入分配等各种财务活动的管理，使企业的价值达到最大化。财务管理有自己的特点。第一是综合性强。财务管理工作的综合性要求在从事财务管理工作时必须全面考虑，借助于价值形式，把企业的一切物质条件、人力资源和经营过程都合理地加以规划和控制，达到企业效益不断提高、价值不断增大的目的。第二是涉及面广。财务管理具体体现在对企业的各种资金收支活动的组织上。在企业生产经营的各个方面，从供、产、销到人事、行政、技术等各部门的业务活动，都与资金的收支活动密切相关，因而，财务管理工作必然要延伸到企业生产经营的各个环节。反过来，企业与资金运动相关的每项活动都要主动接受财务管理部门的指导，按规定办事。第三是企业财务管理的效果可以通过一系列财务指标来反映。根据这一特点，财务管理部门可及时地向相关管理部门或人员提供财务信息，以帮助其了解各项管理效果，以便改进管理，提高效率和效益。

三、财务管理的产生与发展

现代意义上的财务管理是从西方国家发展起来的。其产生和发展大致经历了以下几个阶段。

（一）产生阶段

早在十五六世纪，地中海沿岸商业城市就出现了邀请公众入股的城市商业组织，入股的股东包括商人、王公、大臣、市民等。商业股份经济的发展，要求做好筹资、股息分配和股本归还工作，但针对这些工作还未形成独立的财务管理部门进行管理，只是将其包含在企业管理之中。

19世纪末20世纪初，西方股份公司有了迅速发展，资本主义经济也得到快速发展。这时，股份公司不断扩大生产经营规模，必须尽快地开辟新的筹资渠道，以满足生产经营不断发展的资金需求。同时，要处理好公司与投资者、债权人之间的责、权、利关系。于是，各股份公司纷纷成立专门的管理部门，以适应加强财务管理的需要。因此，财务管理开始从企业管理中分离出来，专业化的财务管理就此产生。

（二）筹资阶段

19世纪末至20世纪30年代为筹资财务管理阶段。这一阶段，资金市场还不成熟，缺乏可靠的财务信息，投资人畏首畏尾，不敢大胆地投资于股票与债权。财务管理部门就是以筹集资金为主开展工作。为搞好资金的筹资，财务管理部门侧重围绕着诸如股票与债券发行、回购和股利的发放等方面加强财务核算，从而维护投资者的利益，进一步扩大筹资范围。

（三）内部控制阶段

20世纪30年代至50年代为内部控制财务管理阶段。20世纪30年代，在资本主义经济危机中，企业销售额下降、资金短缺，大批企业相继破产。这使人们认识到，过分注意资金的筹措、相对忽略资金的使用效果将难以维持企业的生存和发展。在财务管理上只把主要精力集中到筹资上是很不够的，当时的主要矛盾已转化为如何以低价优质的产品去占领市场，求得企业生存。产品价格降低必须以产品成本降低为基础，于是，财务管理开始侧重有计划地使用资金，控制生产经营成本与风险，提高资金使用效率，增强企业生存与获利能力。这样，企业纷纷把财务管理的重点从筹资转向了财务控制。

（四）投资管理阶段

20世纪50年代后期至80年代为投资财务管理阶段。第二次世界大战后，世界经济进入一个新的发展时期，资本市场迅速发展，通货膨胀加剧，跨国公司越来越普遍，企业之间的竞争由国内逐渐发展到国外，企业生产经营活动的盈利机会与风险并存。企业的生存与发展不仅取决于内部财务控制，更取决于投资机会的把握与投资项目的选择，因为投资失误的损失往往比企业内部财务控制不善带来的损失更具有毁灭性。于是，企业财务管理的重点由财务控制转向投资管理，而搞好投资管理的主要方式是正确地进行投资决策。

这一阶段确定了比较合理的投资决策程序，建立了科学的投资决策指标体系和科学的风险投资决策方法。

（五）电子信息财务管理阶段

20世纪80年代以后为电子信息财务管理阶段。自20世纪80年代以来，信息网络技术的飞速发展和新的商务模式的出现，拓展了电子信息对财务管理的技术支持范围。正在大量涌现的如电子货币系统、电子签章、数字凭证、电子账单支付等新技术的运用形式，对财务管理的方式产生了重大影响。

四、财务关系

企业作为法人在组织财务活动过程中必然与企业内外部有关各方发生广泛的经济利益关系，这就是企业的财务关系。企业的财务关系因经济利益和责任的多样性而较为复杂。

（一）企业与国家之间的财务关系

企业与国家之间的财务关系是强制性的经济利益关系，相关法规已十分明确，即企业必须向国家依法纳税的关系。

（二）企业与投资者之间的财务关系

企业的投资者要按照投资合同、协议、章程的约定履行出资义务，形成企业的投资资本金。企业利用这些资金进行投资，实现利润后，应按出资比例或合同、章程的规定进行利润分配。企业同其投资者之间的财务关系反映了经营权和所有权的关系。

投资者的所有权主要体现在能够对企业进行一定程度的控制或施加影响，参与企业的利润分配，享有剩余财产索取权，同时要承担一定的经济法律责任。

（三）企业与债权人之间的财务关系

企业除利用资本金进行经营活动外，还要借入一定数量的资金，以便降低企业资本成本，扩大企业经营规模。企业利用债权人的资金，要按约定的利息率及时向债权人支付利息，债务到期时要按时向债权人归还本金。企业同其债权人的关系体现的是债务与债权关系。

（四）企业与债务人之间的财务关系

企业将资金借出后，有权要求其债务人按约定的条件支付利息和归还本金。企业同其债务人的关系体现的是债权与债务关系。

企业借出的资金能否安全及时地收回、是否能定期收取利息，关系到企业经济效益的实现和企业生产经营是否能顺利进行。

（五）企业与企业内部各单位的财务关系

企业与企业内部各单位的财务关系，是指企业内部各单位之间在生产经营各环节中相互提供产品或劳务所形成的经济关系。企业在实行内部经济核算制的条件下，供、产、销各职能部门以及各生产单位之间相互提供产品和劳务要进行计价结算，这种在企业内部形成的资金结算关系体现了企业内部各单位之间的经济利益关系。

企业经济责任制的建立，需要明确各部门的经济利益，否则就不能充分调动各部门的积极性，所以企业应处理好与内部各单位之间的财务关系。

（六）企业与其职工之间的财务关系

企业与职工之间的财务关系，是指企业向职工支付劳动报酬过程中所形成的经济关系。企业要用自身的产品销售收入或其他可以支配的资金向职工支付工资、津贴、奖金等，按照职工提供的劳动数量和质量支付劳动报酬。这种企业与职工之间的财务关系体现了职工和企业在劳动成果上的分配关系。

企业的财务活动与财务关系是相互联系的，合理组织企业财务活动是对企业财务管理的基本要求，而正确处理各种财务关系则是合理组织企业财务活动的必要条件。如果各种财务关系处理不当，就难以保证企业财务活动顺利而有效地进行。

五、企业财务管理的目标

目标是系统运行所希望实现的结果，其具有导向、激励、凝聚和考核作用，正确的目标是系统良性循环的前提。企业财务管理目标（简称"财务目标"）对企业财务管理系统的运行也具有同样的意义，是评价企业理财活动是否合理的基本标准，是财务管理实践中进行财务决策的出发点和归宿。

财务目标具有层次性，其可以按一定标准划分为整体财务目标、分步财务目标及具体财务目标三类不同的层次。整体财务目标又称总财务目标，是一段时期内公司全部财务管理活动应实现的根本目标。整体财务目标比较笼统，必须将其进行逐步、分层分解，制订更为细致、可操作性强的目标。将各层次目标分解至不可或无须再分解的程度的目标即为具体目标，即各部门可立即付诸实现的目标。整体目标与具体目标之间的分层次目标则被称为分步目标。整体目标处于支配地位，决定着分步目标及具体目标；整体目标的实现又有赖于分步目标及具体目标的科学实施与整合。

受社会政治环境、经济环境的影响，财务目标具有阶段性的特点：不同时期、不同财务环境下，财务目标是不一样的；即使是在同一时期，不同企业由于所面临的具体经营环境不同，财务目标也不尽相同。财务目标还具有稳定性的特点。若财务目标朝令夕改，会令企业管理人员无所适从，也就没有目标可谈了。因此，财务目标应是阶段性与稳定性的统一，即一个企业一旦确立了某一个财务目标，这一财务目标在一段时间内将会保持稳定不变。

如上所述，不同时期、不同政治经济环境下有不同形式的财务管理整体目标。自中华人民共和国成立至今，随着我国经济的发展、经济环境的变革，我国企业先后出现了以下四种形式的财务管理整体目标。

（一）产值最大化目标

产值是指生产出的产品的价值。产值最大化目标是指企业以一段时期内生产的产品价值为考核目标。企业领导人职位的升迁，职工个人利益的多少，均由完成的产值计划指标的程度来决定。

产值最大化是中国、苏联以及东欧各个社会主义国家在计划经济体制下产生的。1949年中华人民共和国成立伊始，中国的经济极为困难，物质资料极其匮乏，当时最迫切的任务是尽可能多地生产出人们所需要的物品。在当时条件下，这一整体目标对尽快恢复生产、恢复经济、发展经济、满足人民基本生活需求具有非常重大的意义。但是，随着经济的发展，计划经济体制逐渐对经济发展产生了极大的束缚，总产值最大化也越来越暴露出其自身的缺点：只求数量，不求质量；只讲产值，不讲效益。一方面，之前由于物资缺乏，人们对产品的质量及个性化设计的要求并不高，企业的产品只要能生产出来，就能销售出去，从而造成了企业对产品质量及品种多样性的重视不足；另一方面，因为产值最大化并不考核成本，管理层只求能增加总产值，而不管产品能否适销对路，也不管是否能以高于产品成本的价值销售出去，获得真正的价值增值。随着技术、经济的不断发展，越来越多的产品出现了剩余，人们不再是"饥不择食",而是开始注重产品的质量及个性化的特点。显然,若仍以产值最大化为整体目标已不再适合,否则将导致产品销售不出去,积压在仓库中,最后贬值甚至全部报废,"赔了夫人又折兵"。为克服产值最大化目标存在的缺陷,利润最大化目标被提了出来。

(二)利润最大化

利润最大化目标是指企业以一段时期内实现的会计利润为考核目标。企业领导人职位的升迁,职工个人利益的多少,均根据实现的会计利润的多少来决定。

利润是一定时期收入扣除成本后的余额,代表了这段时期企业新创造的价值增值,利润越多则企业的财富增加得越多。企业生产出来的产品只有被销售出去才能确认收入,并且要以高于成本的价格销售出去,才能获取正的利润。在市场竞争日益激烈的情况下,只有质量好、满足消费者个性化需求的产品才能畅销。因此,利润最大化目标可以克服上述讨论的产值最大化目标导致的缺陷。利润最大化目标早在19世纪初就被西方企业广泛运用。我国自1978年经济体制改革以后,市场经济模式逐渐确立,企业面向市场自主经营、自负盈亏,因此利润最大化目标替代了产值最大化目标被我国企业广为采用。利润最大化目标并非没有缺点,随着经济环境的不断变化,其缺点也逐渐显现。

(1)没有考虑资金的时间价值。会计利润是按照权责发生制原则进行核算的,会计利润中含有未达账项,因此通常会计利润与实际收到现金的利润是不相等的,则据此目标有可能会导致错误的决策。例如:A、B两个投资项目,投资成本均为800万元,收入均为900万元,其会计利润都是100万元;但在一定时间内A项目的所有收入均已收回,而B项目的收入尚有500万元未收回。若按利润最大化目标来评价这两个项目,应是两个方案都可行。可是此例中,显然A项目更好一些。

(2)没有有效考虑风险问题。利润最大化目标容易引导管理层在选择投资项目时尽可能选择利润高的项目。殊不知,高利润往往伴随着高风险,管理层决策时若不考虑风险而一味地追求高利润,会将企业带上"不归路"。

(3)可能导致管理层采取短期行为。影响利润的因素主要有收入与成本两大类。若收入没有增加,成本降低也可增加利润。因此,有些企业在未能有效"开源"的情况下,会采取一些短期行为,如减少产品开发、人员培训、设备更新方面的支出来提高当期的利润以完成任务。更有甚者,有些管理层有可能人为调节利润,使企业表面利润增加,而企业实际财富并未增加,反而会因兑现虚假绩效而降低。这显然对企业的长期发展极为不利。

为克服利润最大化目标存在的缺陷,股东财富最大化目标、企业价值最大化目标相继被提出。

(三)股东财富最大化

企业主要是由股东出资形成的,股东是企业的所有者。股东财富即企业的所有者拥有的企业资产的价值。在股份制公司中,股东的财富就由其所拥有股票的数量和每股股票的市场价格来决定。当股票数量一定时,股票价格达到最高,就能使股东财富价值达到最大化。因此,股东财富最大化最终体现为股票价格最大化。股东财富最大化目标是指企业以一段时期后的股票价格为考核目标。企业领导人职位的升迁,职工个人利益的多少,均根据股票价格的高低来决定。

股东财富最大化目标与利润最大化目标相比,有以下优点:

(1)一定程度上考虑了资金的时间价值。这一优点可以从股票定价原理角度来分析。

威廉姆斯提出的现金股利贴现模型是公认的最基本的股票定价理论模型,其基本原理如下:

$$P_t = \sum_{t=1}^{+\infty} \frac{E\left(\frac{d_{t+1}}{\theta_t}\right)}{(1+r)^t} \qquad (1-1)$$

公式(1-1)中,P_t 为 t 时刻股东投资的股票价格;d_{t+1} 为 $t+1$ 期间每股现金股利;θ_t 是 t 时刻可能获得的信息,r 是预期未来现金股利的折现率,$E\left(\frac{d_{t+1}}{\theta_t}\right)$ 是公司在经营期内预期能得到的股息收入。该模型认为股票的内在价值应等于该股票持有者在公司经营期内预期能得到的股息收入按一定折现率计算的现值。

从公式中可以看出影响股票价格的因素包括现金股利、折现率、当时市场信息等。现金股利及折现率因素体现了股票价格的确定需考虑资金时间价值的影响。

(2)一定程度上考虑了风险因素。公式(1-1)中,股东可以从市场信息中判断企业经营中可能存在的风险,继而将风险体现在对股票的定价上。若企业经营风险较大，则股票价格就会下降，反之则股票价格就会上升。管理层若要股票价格最大化，则必须在风险与报酬间寻找一个平衡点。

（3）一定程度上能够克服管理者追求利润上的短期行为。因为股价是未来各期收益的综合体现，每期的现金股利是根据其所属期的利润来确定的，无论是现在的利润还是预期的利润，都会对企业的股票价格产生影响，则短期增加利润的行为对于实现股东财富最大化目标来说没有效果。

但是股东财富最大化也存在着一些缺陷，主要如下：

（1）忽视了除股东以外的其他利益相关者的利益。企业的利益相关者不仅仅只是股东，还包括债权人、员工、政府、社会公众等。所有的利益相关者都有可能对企业财务管理产生影响。股东通过股东大会或董事会参与企业经营决策，而董事会可直接任免企业经理甚至财务经理；债权人要求企业保持良好的资金结构和适当的偿债能力，以及按合约规定的用途使用资金；员工是企业财富的创造者，提供人力资本必然要求合理的报酬；政府为企业提供了公共服务，也要通过税收分享收益。正是各利益相关者的共同参与，构成了企业利益制衡机制。如果试图通过损害一方利益而使另一方获利，就会导致矛盾冲突，出现诸如股东抛售股票、债权人拒绝贷款、员工怠工、政府罚款等不利现象，从而影响企业的可持续发展。股东财富最大化目标可能会诱导管理层仅仅考虑管理层自己及股东的利益，有时甚至还会损害除股东以外的其他利益相关者的利益。

（2）股票财富指标自身存在一定的缺陷。股票财富最大化是以股票价格为指标，而事实上影响股票价格的因素很多，并不都是企业管理层能够控制和影响的。把受不可控因素影响的股票价格作为企业财务管理目标显然不尽合理。也有些学者提出：对非上市企业来说，股票价格较难确定，因此股东财富最大化仅对股票上市的企业适用。

（四）企业价值最大化

为了克服股东财富最大化目标存在的缺陷，企业价值最大化目标被提出。衡量企业价值通常用下列公式：

$$V = \sum_{t=1}^{n} \frac{CF_t}{(1+r)^t} \qquad (1-2)$$

V 表示企业价值，CF_t 表示企业第 t 期的现金流量，t 表示各期现金流入的时间，n 表示产生现金流量的总的期数，r 表示对企业各期所得到的净现金流入量的贴现率。

对企业价值的评价不仅评价企业已经获得的利润水平，更重要的是评价企业获得未来现金流入的能力和水平。因此，企业价值是能反映企业潜在或预期获利能力的企业全部资产的市场价值。企业的价值与预期的报酬成正比，但与风险成反比。此外，在寻求企业价值最大化的过程中，必须考虑和兼顾相关利益者之间的利益，并使之达到平衡，否则将不利于公司财务关系的协调，进而影响企业价值最大化的实现。

企业价值最大化目标除具备股东财富最大化目标所具有的优点外，还具有兼顾了股东以外的利益相关者的利益的优点；但在计量上，尤其是非上市公司企业价值的计量上仍存在一定的缺陷。

企业在确立财务整体目标时必须注意目标唯一性，即上述目标均可作为企业的整体目标，但只能取其一，否则会因找不着方向而造成企业管理混乱。就我国国情来看，上述四种财务目标中，产值最大化目标已经过时，当前已没有任何企业再以此为整体财务目标了。利润最大化、股东财富最大化及企业价值最大化目标仍不同程度地被企业采用。利润最大化目标目前主要为非股份制企业及非上市股份制企业所采用，股东财富最大化目标目前主要为股份制企业尤其是股份制上市企业所采用；企业价值最大化目标由于其相对其他目标来说更为理想化，目前仅为少数有社会责任意识的股份制企业所采用。

第二节 财务管理的价值观念

财务管理的价值观念是指财务活动主体在进行财务决策和实施财务决策过程中应具备的价值理念，主要包括资金时间价值观念和风险价值观念。

一、资金时间价值观念

（一）资金时间价值的概念

资金时间价值是指一定量资金在不同时点上的价值量差额，也被称为货币的时间价值。资金的时间价值来源于资金进入社会再生产过程后的价值增值。资金周转使用的时间越长，所获得的利润越多，实现的增值额就越大。资金时间价值的实质，是资金周转使用后的增值额。也就是说，不是所有的货币都具有时间价值，只有在循环和周转中的资金，其总量才随着时间的延续呈几何级数增长，使得资金具有时间价值。通常情况下，它相当于没有风险也没有通货膨胀情况下的社会平均利润率，是利润平均化规律发生作用的结果。

资金时间价值对于整个企业的财务管理有着极其重要的意义。主要表现为：

第一，便于不同时点上单位货币价值量的比较。不同时点上单位货币的价值不同，不同时间的货币收入不宜直接进行比较，需要把它们换算到相同的时间基础上，才能进行数量比较和比率计算。

第二，是正确做出财务决策的前提。资金时间价值是现代财务管理的重要价值基础。它要求合理地节约使用资金，加速资金的周转，以实现更多的资金增值。每个企业在投资某个项目时，至少要取得社会平均资金利润率，否则不如投资其他的项目或其他的行业。因此，资金时间价值是评价投资方案的基本标准，在财务决策时，资金时间价值是一项重要的因素。

（二）资金时间价值的表示

资金时间价值可以用绝对数——收益额来表示，也可以用相对数——收益率来表示。

1. 以收益额来计量

利息就是指资金注入并回收时所带来的收益额，一般指借款人（即债务人）因使用借入货币或资本而支付给贷款人（即债权人）的报酬，是资金所有者由于借出资金而取得的报酬。它来自生产者使用该笔资金发挥营运职能而形成的利润的一部分。

从本质上看，利息是对贷款产生利润的一种再分配。在经济研究中，利息常常被看作资金的机会成本。这是因为如果放弃资金的使用权力，相当于失去得到收益的机会，也就相当于付出了一定的代价。比如资金一旦用于投资，就不能用于现期消费，而牺牲现期消费又是为了能在将来得到更多的消费，从投资者的角度来看，利息体现为对放弃现期消费的损失所做的必要补偿。所以，利息就成了投资分析平衡现在与未来的杠杆。投资这个概念本身就包含着现在和未来两方面的含义，事实上，投资就是为了在未来获得更大的回报而对目前的资金进行的某种安排，很显然，未来的回报应当超过现在的投资，正是这种预期的价值增长才能刺激人们从事投资。因此，利息是指占用资金所付的代价或者是放弃现期消费所得的补偿。

2. 以收益率来计量

资金时间价值收益率可以从两个方面进行衡量：理论上，资金时间价值相当于没有风险、没有通货膨胀条件下的社会平均利润率；实际上，购买政府债券（国库券）几乎没有风险，因此在通货膨胀率很低时，可以用政府债券利率来表示资金时间价值。

其他各种收益率，如贷款利率、债券率、股利率等，除包括资金时间价值外，还包括风险价值和通货膨胀因素。

因为利率还包括风险价值和通货膨胀因素，所以作为资金时间价值的表现形态的利率小于社会资金利润率。

利率是各国发展国民经济的杠杆之一，利率的高低由如下因素决定：第一，利率的高低首先取决于社会平均利润率，并随之变动，在通常情况下，平均利润率是利率的最高界限，因为如果利率高于利润率，借款者就会因无利可图而放弃借款。第二，在平均利润率不变的情况下，利率高低取决于金融市场上借贷资本的供求情况，借贷资本供过于求，利率便下降；反之求过于供，利率便上升。第三，借出资本要承担一定的风险，而风险大小也会影响利率的波动，风险越大，利率也就越高。第四，通货膨胀对利息的波动有直接影响，资金贬值往往会使利息无形中成为负值。第五，利率高低还受借出资本的期限长短影响，贷款期限长，不可预见因素多，风险大，利率也就高。反之，贷款期限短，不可预见因素少，风险小，利率就低。

（三）资金时间价值的计算

资金具有时间价值，因此同一笔资金在不同时间的价值也并不相同。计算资金时间价值，其实就是换算不同时点上的资金价值。它具体包括两个方面的内容：一方面是计算终值，即现在拥有一定数额的资金，在未来某个时点将变成多少数额的资金；另一方面是计算现值，即未来时点上一定数额的资金，相当于现在多少数额的资金。

资金时间价值有两种计算方法：一是只就本金计算利息的单利法；二是本金、利息都能生利的复利法。在计算资金时间价值时，"现值"和"终值"是两个重要的概念，它们表示了不同时期的资金时间价值。具体而言，"现值"又称本金，是指资金现在的或当前的价值。"终值"又称"本利和"，是指资金经过若干时期后,包括本金和时间价值在内的未来价值。通常有单利终值与单利现值、复利终值与复利现值、年金终值与年金现值。

1.单利终值与单利现值

单利是指只对借贷的原始金额或本金支付(收取)的利息。我国商业银行一般按照单利计算存贷款利息。

为计算方便,先设定如下符号标识:I为利息;P为现值;F为终值;i为每一利息期的利率(折现率);n为计算利息的期数。

第一,单利利息的计算。按照单利的计算法则,单利利息的计算公式为

$$I = P \times i \times n \tag{1-3}$$

第二,单利终值的计算。单利终值是本金与未来利息之和。其计算公式为

$$F = P + P \times i \times n = P(1 + i \times n) \tag{1-4}$$

第三,单利现值的计算。单利现值是资金现在的价值。单利现值的计算就是确定未来终值的现在价值,如公司商业票据的贴现。商业票据贴现时,银行按一定利率从票据的到期值中扣除自借款日至票据到期日的应计利息,将余款支付给持票人。贴现时使用的利率称为贴现率,计算出的利息称为贴现息,扣除贴现息后的余额称为贴现值,即现值。单利现值的计算同单利终值的计算是互逆的,由终值计算现值的过程称为折现。单利现值的计算公式为

$$P = \frac{F}{(1 + i \times n)} \tag{1-5}$$

2.复利终值和复利现值

复利是计算利息的一种方法。按照这种方法,每经过一个计息期,要将所生利息加入本金再计利息,逐期滚算,俗称"利滚利"。这里所说的计息期是指相邻两次计息的时间间隔,如年、月、日等。除非特别指明,计息期一般为1年。

(1)复利终值。复利终值是指一定数量的本金在一定利率下按照复利的方法计算出的若干时期以后的本金和利息。例如,公司将一笔资金P存入银行,年利率为i,如果每年计息一次,则n年后的本利和就是复利终值。如图1-1所示。

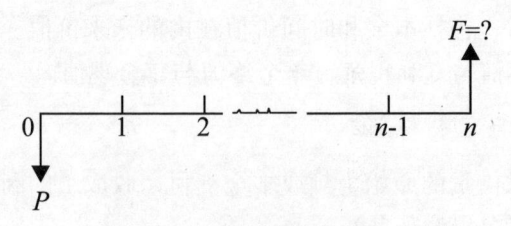

图 1-1　复利终值示意图

图 1-1 中，横轴代表时间，用数字标出各期的顺序号，则 n 后的复利终值的计算公式为 $F = P \times (1+i)^n$。该公式是计算复利终值的一般公式，式中的 $(1+i)^n$ 通常被称为复利终值系数或一元的复利终值，用符号 $(F/P, i, n)$ 表示。例如，$(F/P, 6\%, 3)$，表示利率为 6%、第 3 期的复利终值系数。

（2）复利现值。复利现值是复利终值的对称概念，它是指未来一定时间内的特定资金按复利计算的当前的价值，或者说是为了在未来取得一定本利和需要在当前投入的本金。例如，将 n 年后的一笔资金 F，按年利率 i 折算为现在的价值，这就是复利现值。如图 1-2 所示。

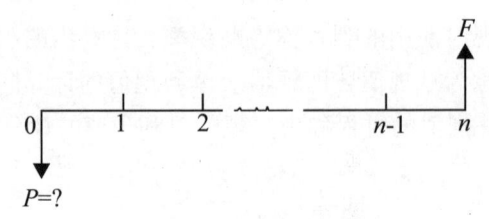

图 1-2　复利现值示意图

由终值求现值，称为折现，折算时使用的利率称为折现率。复利现值的计算，是指已知 F、i、n 时，求 P 值。通过复利终值的计算已知：$F = P \times (1+i)^n$，所以 $P = \dfrac{F}{(1+i)^n} = F \times (1+i)^{-n}$。

上式中 $(1+i)^{-n}$ 是把终值折算为现值的系数，通常称为复利现值系数，或称为一元的复利现值，用符号 $(P/F, i, n)$ 表示。上式也可写作 $F = P \times (P/F, i, n)^{-1}$。

（3）名义利率与实际利率。复利的计息期不一定总是一年，有可能是季度、月或日。当利息在一年内要复利几次时，给出的年利率叫作名义利率。当一年内复利几次时，实际得到的利息要比按名义利率计算的利息高。

3.年金终值与现值

年金是指一定时期内一系列相等金额的收付款项,如分期付款赊购商品、分期等额偿还贷款、发放养老金、支付租金、提取折旧等都属于年金收付形式。按照收付的次数和支付的时间划分,年金可以分为普通年金、先付年金、递延年金和永续年金。

在年金的计算中,设定以下符号:A 表示每年收付的金额;i 表示利率;F 表示年金终值;P 表示年金现值;n 表示期数。

(1)普通年金。普通年金是指每期期末有等额的收付款项的年金,又称后付年金。如图 1-3 所示。

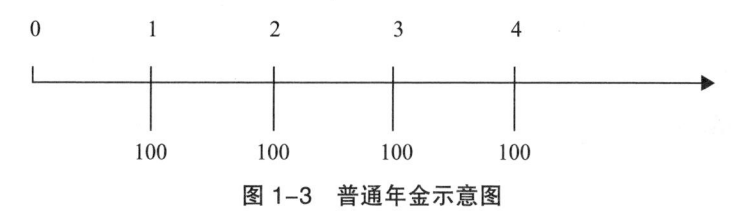

图 1-3 普通年金示意图

图 1-3 中,横轴代表时间,用数字标出各期的顺序号,竖线的位置表示支付的时刻,竖线下端数字表示收付的金额。本图表示 4 期内每期期末收付 100 元的普通年金。

普通年金终值是指一定时期内每期期末等额收付款项的复利终值之和;普通年金现值是指一定时期内每期期末等额收付款项的复利现值之和。

(2)先付年金。先付年金是指每期期初有等额的收付款项的年金,又称预付年金。如图 1-4 所示。

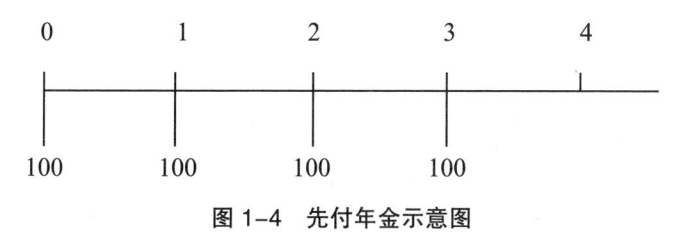

图 1-4 先付年金示意图

图 1-4 中,横轴代表时间,用数字标出各期的顺序号,竖线的位置表示支付的时刻,竖线下端数字表示支付的金额。本图表示 4 期内每年 100 元的先付年金。

先付年金终值是指一定时期内每期期初等额收付款项的复利终值之和;先付年金现值是指一定时期内每期期初等额收付款项的复利现值之和。

（3）递延年金。递延年金是指第一次收付款发生时间是在第二期或者第二期以后的年金。递延年金的收付形式如图1-5所示。

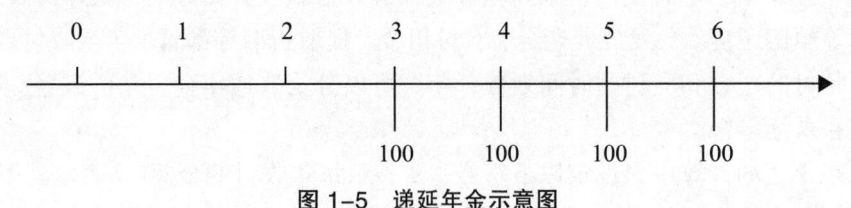

图1-5 递延年金示意图

从图1-5可以看出，递延年金是普通年金的特殊形式，第一期和第二期没有发生收付款项，一般用m表示递延期数，$m=2$。从第三期开始连续4期发生等额的收付款项，$n=4$。

递延年金终值的计算方法与普通年金终值的计算方法相似，其终值的大小与递延期限无关。递延年金现值是自若干时期后开始每期款项的现值之和。其现值计算方法有两种。

方法一：第一步把递延年金看作n期普通年金，计算出递延期末的现值；第二步将已计算出的现值折现到第一期期初。

$$P = A \times (P/A, i, n) \times (P/F, i, m) \quad (1-6)$$

（4）永续年金。永续年金是指无限期支付的年金，如优先股股利。由于永续年金持续期无限，没有终止时间，因此没有终值，只有现值。永续年金可视为普通年金的特殊形式，即期限趋于无穷大的普通年金。其现值的计算公式可由普通年金现值公式推出。

永续年金现值P计算公式为：

$$P = A \times \frac{1-(1+i)^{-n}}{i} = A \times \frac{1-\frac{1}{(1+i)^n}}{i} \quad (1-7)$$

当$i \to \infty$时，$\frac{1}{(1+i)^n} \to 0$，故

$$P = \frac{A}{i} \quad (1-8)$$

在企业价值评估和企业并购确定目标企业价值时用到此公式。

二、风险价值观念

风险价值是现代财务管理的基本概念之一，企业很多财务决策均要考虑风

险价值因素,因此,熟练掌握风险价值的计量及应用是财务管理人员必须具备的基本技能。

(一)风险的概念及分类

1.风险的概念

一般来说,风险是指在一定条件下和一定时期内可能发生的各种结果的变动程度。在风险存在的情况下,人们只能事先估计到采取某种行动可能导致的结果以及每种结果出现的可能性,而行动的真正结果究竟会怎样,不能事先确定。例如,预计一个投资项目的报酬时不可能十分精确,也没有百分之百的把握。有些事情的未来发展变化事先不能确知,如价格、销量、成本等都可能发生预想不到并且无法控制的变化。

风险是事件本身的不确定性,具有客观性。投资者进行投资时,不同的投资项目的风险程度是不同的。比如,购买国库券收益稳定且到期一定能够收回本息,风险较小,但是如果投资于股票,其收益的不确定性就高,且一旦从事了该项投资,风险的大小也就无法改变,具有客观性。也就是说,特定投资的风险大小是客观的,你是否去冒风险以及冒多大风险,是可以选择的,是主观的。在实务中对风险和不确定性往往不做区分,统称为风险。某一行动的结果具有多种可能而不肯定,就叫有风险;而某一行动的结果十分肯定,就叫无风险。

风险是可以控制的。采取行动之前,可以测算该行动可能产生的风险程度,根据抗风险能力、心理承受能力等多种因素,选择风险程度适宜的行动方案;当行动进行中,可以通过对行动方案的不断调节和严格的制度保证,来控制行动风险程度。例如,负债所带来的财务风险,可以通过根据企业经营的实际情况,选择适应企业的负债程度控制财务风险,当企业举债程度确定后,还可以通过改善企业现金流转的措施,增强企业的支付能力,控制企业的债务风险。

2.风险的分类

(1)从投资主体的角度看,风险分为两类:一是市场风险。市场风险是指那些对所有企业产生影响的因素引起的风险,如战争、自然灾害、经济衰退、通货膨胀等。这类风险涉及所有企业,不能通过多角化投资来分散,因此又称不可分散风险或系统风险。对于这类风险,投资者只能够根据承担的风险程度要求相应的报酬。二是公司特有风险。公司特有风险是指发生于个别企业的特有事项造成的风险,如罢工、诉讼失败、失去销售市场、新产品开发失败等。

从投资者角度来看，这类事件是随机发生的，因而可以通过多元化投资来分散，即发生于一家公司的不利事件可以被其他公司的有利事件所抵消。这类风险也称可分散风险或非系统风险。例如，在证券投资上，同时购买若干种股票，风险比只购买一种小。又如，在企业的经营中，在资源允许的前提下，同时经营不同的投资项目，比只经营一种投资项目的风险小。因此，分散化投资更安全。

（2）从企业本身来看，风险可分为两类：一是经营风险。经营风险是指因生产经营方面的原因给企业盈利带来的不确定性。经营风险是任何商业活动都有的，也称为商业风险。企业生产经营的许多方面都会受到来源于企业外部和内部诸多因素的影响，具有很大的不确定性。经营风险主要来自以下几个方面：首先是市场销售。市场需求、市场价格、企业可能生产的数量不确定，尤其是竞争使供产销不稳定，加大了风险。其次是生产成本。原料的供应和价格、工人和机器的生产率、工人的工资和奖金，都是不确定的因素，因而会产生风险。再次是生产技术。设备事故、产品质量问题、新技术的出现等，不好预见，会产生风险。最后是其他因素。外部的环境变化，如天灾、经济不景气、通货膨胀、有协作关系的企业没有履行合同等，企业自己不能左右，因而会产生风险。二是财务风险。财务风险又称筹资风险，是指由于举债而给企业财务成果带来的不确定性。企业举债经营，全部资金中除自有资金外还有一部分借入资金，这会对自有资金的盈利能力造成影响；同时，借入资金需还本付息，一旦无力偿付到期债务，企业便会陷入财务困境甚至破产。当企业息税前资金利润率高于借入资金利息率时，使用借入资金获得的利润除补偿利息外还有剩余，因而使自有资金利润率提高。但是，若企业息税前资金利润率低于借入资金利息率，这时，使用借入资金获得的利润不够支付利息，还需动用自有资金的一部分利润来支付利息，从而使自有资金利润率降低。如果企业息税前利润还不够支付利息，就要用自有资金来支付，使企业发生亏损。若企业亏损严重，财务状况恶化、丧失支付能力，就会出现无法还本付息甚至招致破产的危险。总之，由于许多因素的影响，企业息税前资金利润率和借入资金利息率差额具有不确定性，从而会引起自有资金利润率的高低变化，这种风险即为筹资风险。这种风险程度的大小受借入资金与自有资金比例的影响，借入资金比例大，风险程度就会随之增高。借入资金比例小，风险程度也随之降低。对财务风险的管理，关键是要保证有一个合理的资金结构，维持适当的负债水平，既要充分利用举债经营这一手段获取财务杠杆收益，提高自有资金的盈利能力，同时要注意防止过度举债而引起的财务风险的加大，避免陷入财务困境。

（二）风险的衡量

由于风险具有普遍性和广泛性，因此，正视风险并将风险程度予以量化，成为企业财务管理中的一项重要工作。衡量风险大小需要使用概率和统计方法。某一事件在相同的条件下可能发生也可能不发生，这类事件被称为随机事件。概率就是用百分数或小数来表示随机事件发生的可能性大小，或出现某种结果可能性大小的数值。一般用 $P_i = 0$ 表示，它是 0~1 之间的一个数。

一般情况下，用 X 表示随机事件，X_i 表示随机事件的第 i 种结果，P_i 为出现该种结果的相应概率。若 $P_i=0$，表示某一事件不会发生；$P_i=1$，表示某一事件肯定发生。一般随机变量的概率为 $0 \leq P_i \leq 1$。P_i 越大，表示某一事件发生的概率越大，反之越小。如果把某一事件所有可能的结果都列示出来，对每一结果给予一定的概率，便可构成概率的分布。

概率分布有两种类型，一种是离散型概率分布，即概率分布在几个特定的随机变量点上，概率分布图形成几条个别的直线；另一种是连续型概率分布，即概率分布在一定区间的连续各点上，概率分布图由一条曲线形成。

（三）风险报酬的计算

风险与收益是一种对称关系，高风险可能伴随着高收益，低风险意味着低收益。企业的财务管理工作几乎都是在风险中和不确定的情况下进行的。离开了风险因素，就无法正确评价企业报酬的高低。

1. 投资报酬率的构成

投资报酬率主要包括无风险投资报酬率、风险报酬率和通货膨胀补偿。

（1）无风险投资报酬率：这部分是确定的，与投资时间长短相关，一般是指资金时间价值，通常用短期政府国库券的报酬率表示。

（2）风险投资报酬率：这是与投资风险大小相关的报酬率，是对投资者冒风险进行投资的补偿，是投资者获得的超过资金时间价值的额外报酬。

（3）通货膨胀补偿：这是投资者在发生通货膨胀时为了避免货币贬值所带来的损失而得到的一部分补偿。

2. 资本资产定价模型

（1）马科维茨资产组合理论。对于资产组合投资而言，资产组合有有效资产组合和无效资产组合之分。有效资产组合的定义：风险相同但预期收益率最高，或预期收益率相同但风险最小的资产组合。这也是马科维茨的均值—方差分析原理，即理性投资者应该投资于有效资产组合，而不是其他资产组合。如图1-6所示，选择 n 种资产进行投资，对它们的任何一种组合都可以形成特定的组合风险与组合收益。落在 BAC 区间内的任何一点代表在 n 种资产范围内所组成的某种特定组合的组合风险与组合收益关系。其中，只有组合风险与组合收益的交点落在 AC 线段上的组合才是有效组合。AC 线段为效益边界线。

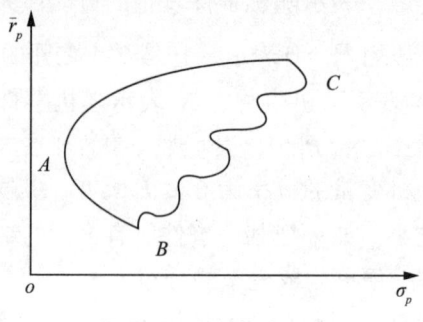

图1-6 有效投资组合

①效益边界的原理展示。追求同样风险下最高投资收益的理性投资人所应选择的资产组合应是 AC 线段区间，而不是某一个确定的点。

②具体选择哪一个点取决于投资人的偏好。对于不同的投资人来说，是否"最好"，取决于他对风险的承受能力。

如果我们假设投资者可以投资于无风险资产——短期国库券，那么投资者的投资将会发生一些变化。将无风险资产引入资产组合，则新构成的资产组合是由一种无风险资产和一种风险资产构成的特定组合：

一种无风险资产——国债。

一种风险资产——股票。

这是股票市场所有资产的组合，在一定意义上可以代表社会所有风险资产的集合。这样的风险资产组合被称为市场组合。

用 F 和 M 分别代表一种无风险资产和一种风险资产，则新的资产组合等于 F+M，这个特定资产组合的收益和风险可以表示如下。

资产组合的收益：

$$E(\bar{r}_p) = w_f r_f + w_m \bar{r}_m \quad (1-9)$$

资产组合的风险：

$$\sigma_p = \left(w_f^2 \sigma_f^2 + w_m^2 \sigma_m^2 + 2 w_f w_m \sigma_f \sigma_m \rho_{fm} \right)^{\frac{1}{2}} \leqslant \sigma_f + \sigma_m \quad (1-10)$$

这个结果可以用资本市场线来表示，如图1-7所示。

图 1-7 资本市场线

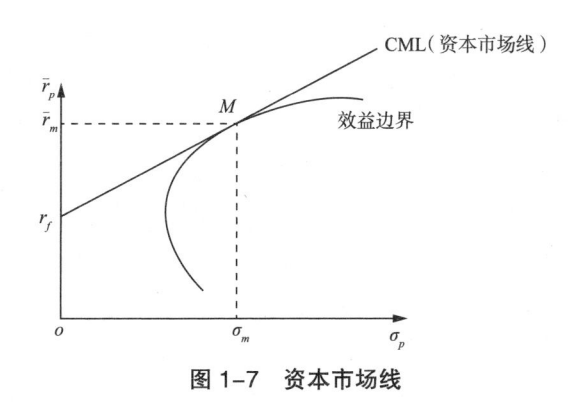

（2）资本资产定价模型的前提假设。资本资产定价模型是关于资本市场理论的模型，它是在马科维茨的资产组合理论基础上发展起来的。马科维茨的资产组合理论通过数学规划的原则，系统阐述了如何通过有效的分散化来选择最优的投资组合。但这一理论具有一定的局限性，即偏重规范性分析而缺乏实证性分析。例如，在资产投资组合分析中，投资者不知道证券该分散到何种程度才能达到高收益、低风险的最佳组合。为了解决这些问题，威廉·夏普、约翰·林特纳和简·莫森提出了一种研究证券价格决定的模型——资本资产定价模型。

我们用"如果怎么，那么就会怎么"这样的逻辑思维方式来推导资本资产定价模型。"如果"部分描绘的是一个简化了的世界，通过"如果"部分的诸多假定建立一个非现实中的理想世界，将有助于我们得到"那么"部分的结论。在得到简单情形结论的基础上，我们再加上复杂化的条件，对环境因素进行合理修正，这样一步一步地推进，观察最终的结论是如何从简单形式逐步过渡形成的，从而可建立起一个符合现实的、合理的并且易于理解的模型。

简单形式的资本资产定价模型的若干基本假定如下，这些基本假定的核心是尽量使个人投资者相同化，而这些个人投资者拥有不同初始财富和风险偏好程度。我们将会看到，个人投资者相同化假设会使我们的分析简化且易于理解。

①投资者大量存在，每个投资者的财富相对于所有投资者的财富总和来说是微不足道的。所有投资者是价格的接受者，单个投资者的交易行为对证券价格不发生影响。这一假定与微观经济学中对完全竞争市场的假定是一样的。

②所有投资者都在同一证券持有期计划自己的投资行为。这种行为是短视的，因为它忽略了在持有期结束的时点上发生任何事件的影响，短视行为通常是非最优行为。

③投资者投资范围仅限于公开金融市场上交易的资产，例如股票、债券等。

这一假定排除了投资于非交易性资产，如教育（人力资本）、私有企业、政府基金资产（如市政大楼、国际机场）等。此外，还假定投资者可以在固定的无风险利率基础上借入或贷出任何额度的资产。

④不存在证券交易费用（如佣金、服务费用等）及税收。当然，在实际生活中，我们知道投资者处于不同的税收等级，这会直接影响到投资者对投资资产的选择。例如，利息收入、股息收入、资本利得所承担的税负不尽相同。此外，实际中的交易也发生费用支出，交易费用依据交易额度的大小和投资者的信誉度而不同。

⑤所有投资者均是理性的，追求投资资产组合的方差最小化，这意味着他们都采用马科维茨的资本资产定价模型。

⑥所有投资者对证券的评价和经济局势的看法是一致的。这样，投资者关于有价证券收益率的概率分布期望是一致的。也就是说，无论证券价格如何，所有投资者的投资顺序均相同，这符合马科维茨的资本资产定价模型。依据马科维茨的资本资产定价模型，给定一系列证券的价格和无风险利率，所有投资者的证券收益的期望收益率与协方差矩阵相等，从而产生了一个有效益边界的、独一无二的最优风险资产组合。这一假定也被称为同质期望。

（3）资本资产定价模型的结论。资本资产定价模型的若干假定代表着"如果怎么，那么就会怎么"分析中的"如果"部分的内容。显然，这些假定忽略了现实生活中的诸多复杂现象。我们由此可以得出这样一个由假定的有价证券和投资者组成的均衡关系。下面我们将详细阐述这些关系的含义，也就是关于资本资产定价模型的一些结论。

①所有投资者将按照包括所有可交易资产的市场资产组合（M）来按比例地复制自己的风险资产组合。为了简化起见，我们将风险资产定为股票，每只股票在市场资产组合中所占的比例等于这只股票的市值（每股价格乘以股票流通在外的股数）占所有股票市值的比例。

②市场资产组合不仅在有效益边界上，而且是相切于最优资本配置线上的资产组合。这样一来，资本市场线即资本配置线从无风险利率出发，通过市场资产组合 M 的延伸直线也是可能达到的最优资本配置线。所有的投资者选择持有市场资产组合作为他们的最优风险资产组合，投资者之间的差别只是投资于最优风险资产组合的数量与投资于无风险资产的数量在比例上有所不同而已。

③市场资产组合的风险溢价与市场风险和个人投资者的风险厌恶程度是成比例的。数学上可以表述为

$$E(r_M) - r_f = \bar{A} \cdot \delta_M^2 \times 0.01 \qquad (1\text{-}11)$$

式中：δ_M^2 为市场资产组合的方差；A 为市场所有投资者的风险厌恶的平均水平。请注意：由于市场资产组合是最优资产组合，即风险有效地分散于资产组合中的所有股票，因此 δ_M^2 就是市场的系统风险。

④个人资产的风险溢价与市场资产组合 M 的风险溢价是成比例的，与相关市场资产组合的证券的贝塔系数（β）也成比例。贝塔系数用来测度一种证券或一个投资证券组合相对总体市场的波动性。贝塔系数的正式定义为

$$E(r_i) - r_f = \frac{\mathrm{Cov}(r_i, r_M)}{\delta_M^2} \left[E(r_m) - r_f \right] \qquad (1\text{-}12)$$

即

$$E(r_i) = r_f + \beta_i \left[E(r_m) - r_f \right]$$

期望收益率 = 无风险收益率 + 风险报酬率

其中，$E(r)$ 表示资产 i 的期望收益率，r_f 表示无风险收益率，β_i 表示资产 i 对市场风险溢价的敏感度，$E(r_m)$ 表示市场的平均收益率，$\beta_i \left[E(r_m) \right] - r_f$ 表示风险报酬率。

资本资产定价模型表明，任何一只证券的期望收益率都是由无风险收益率和风险溢价组成的，而风险溢价又与该只股票的 β 系数有关。这一关系可以用证券市场线来表示，如图 1-8 所示。

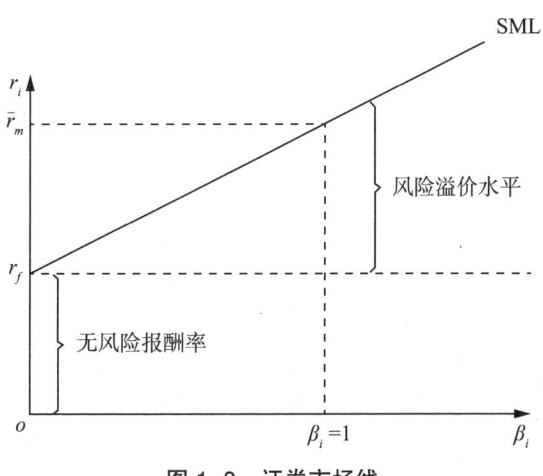

图 1-8 证券市场线

从图 1-8 中可以看出，股票的 β 系数越大，其预期收益率越高。β 系数的计算通常采用线性回归法。根据数理统计的线性回归原理，β 系数均可以通过同一时期内的资产收益率和市场组合收益率的历史数据，使用线性回归方程预测出来。β 系数就是该线性回归方程的回归系数。

（4）补充说明。①通货膨胀的影响。无风险资产收益率 r_f 从投资者的角度来看，是在没有风险的情况下要求的投资报酬率，但从筹资者的角度来看，是其支出的无风险成本，或称无风险利率。现在市场上的无风险利率由两方面构成：一是无通货膨胀的报酬率，又叫纯利率或真实报酬率，这是真正的时间价值部分；二是通货膨胀贴水，它等于预期的通货膨胀率。②股票 β 系数的变化。随着时间的推移，不仅证券市场线在变化，β 系数也在不断变化，如因一个企业的资产组合、负债结构等因素的变化而变化。β 系数的变化会使公司股票的报酬也发生变化。

第三节　财务管理基本分类

财务管理主要包括财务管理的基本理论和筹资、投资、运营、成本、收入与分配管理，其中涉及预算与计划、决策与控制、财务分析等环节。本节我们主要将财务管理分成三类进行探究，分别为筹资管理、流动资产投资管理、销售收入与利润管理。

一、筹资管理

（一）筹资管理概述

1. 企业筹资的意义和原则

资金是企业持续从事经营活动的基本条件。筹集资金是企业理财的起点。企业的创建必须筹集资本金，进行企业的设立、登记，这样才能开展正常的经营活动；企业扩大生产经营规模，开发新产品，进行技术改造，也需筹集资金，用于追加投资。因而，资金融通即筹集资金是决定资金规模和生产经营发展速度的重要环节。筹集资金，直接制约着资金的投入和运用；资金运用，关系到资金的分配；资金的分配，又制约着资金的再筹集与投入。

所谓筹资，就是企业从自身的生产经营现状及资金运用情况出发，根据企业未来经营策略和发展需要，经过科学的预测和决策，通过一定的渠道，采用一定的方式，向企业的投资者及债权人筹集资金，组织资金的供应，保证企业生产经营客观需要的一项理财活动。

市场经济体制的建立，必然要求企业真正成为独立的经济实体，成为自主经营、自负盈亏的社会主义商品生产者和经营者。资金筹集是企业资金运动的起点。只有自主筹集资金，企业才能把握资金运用的自主权，真正实现自主经营、自我发展和自负盈亏，成为名副其实的具有充分活力与竞争力的市场主体。

企业在筹资过程中会面临许多问题，何时筹资、通过什么渠道、采用什么方式进行筹资，以及筹资的数量、成本和资金的使用条件等，都是筹资工作必须做出正确决策的。为此，应遵循以下原则。

（1）合理性原则。企业筹资的目的在于确保企业生产经营所必需的资金。资金不足，会影响企业的生产经营；资金过剩，则可能导致资金使用效果降低。所以，筹集资金应掌握一个合理界限，即保证企业生产经营正常、高效运行的最低需用量。

（2）效益性原则。企业在选择资金来源、决定筹资方式时，必须综合考虑资金成本、筹资风险、投资效益等诸多方面的因素。

资金成本亦指企业为取得某种资金的使用权而付出的代价。它是资金使用者支付给资金所有者的报酬及有关的筹措费用，包括借款利息、债券利息、支付给股东的股利，以及股票发行费、债券注册费等。资金成本是对筹资效益的一种扣除。

总之，不同筹资渠道、筹资方式，其资金成本各不相同，取得资金的难易程度也不尽一致，企业所承担的风险也大小不一。为此，筹资者应根据不同的资金需要与筹资政策，考虑各种渠道的潜力、约束条件、风险程度，把资金来源和资金投向综合起来，全面考察、分析资金成本率和投资收益率，力求以最少的资金成本实现最大的投资收益。

（3）科学性原则。科学地确定企业资金来源的结构，寻求筹资方式的最优组合，这是企业筹资工作应遵循的又一重要原则。

企业资金包括自有和借入两部分。自有资金包括企业资本金、资本公积、盈余公积和留存盈利；借入资金通常包括短期负债及长期负债。在通常情况下，企业的生产经营不会以自有资金作为唯一的资金来源，通过举债来筹集部分资金，是现实客观经济生活中客观存在的正常现象，这就是通常所说的举债经营。在企业风险程度已知，其他情况不变的条件下，负债比例越大，企业可能获得的利益也越大，随之而来的财务风险也就越大。因此，在筹资时应正确分析企业筹资的用途，决定筹资的类型。企业增加恒久性流动资产或增添固定资产，则需筹措长期资金。长期资金是指供长期使用的资金，主要用于新产品开发和推广、生产规模的扩大、厂房和设备的更新，一般需要几年甚至几十年才能收回。长期资金是为了企业将来长期经营能不断地获得收益的支出，称为资本性支出。资本性支出与企业长期健康发展关系极大。企业未来的获利能力和经营成就在很大程度上取决于这类资金的筹措。短期资金是指供短期（一般为一年以内）使用的资金。短期资金主要用于现金、应收账款、材料采购、发放工资等，一般在短期内可以收回。

2. 企业筹资的渠道和方式

企业筹资的渠道是指企业取得资金的来源。企业筹资的方式是指企业取得资金的具体形式。企业筹集资金渠道很多，包括财政资金、银行资金、非银行金融机构资金、其他企业资金、居民个人资金、企业内部资金、国外资金等。

3. 企业筹资的动机与要求

（1）企业筹资的动机。企业进行筹资是为了自身的生存与发展。企业筹资通常受一定动机的驱使。其动机主要有扩张性动机、偿债性动机和混合性动机。企业财务人员应客观地评价筹资动机，预见各种筹资动机带来的后果。

①扩张性动机。扩张性动机是由企业因扩大生产规模而需要增加资产所促成的。例如，企业在其产品寿命周期的开拓和扩张时期，往往需要筹集大量资金，尤其是长期资金。

②偿债性动机。企业为了偿还某些债务而筹资，这样的动机称为偿债性动机，即借新债还旧债。偿债性筹资可分为两种情况：一是调整性偿债筹资，即企业虽有足够的能力支付到期旧债，但为了调整原有的资本结构，仍然举债，从而使资本结构更加合理，这是主动的筹资策略；二是恶化性偿债筹资，即企业现有的支付能力已不足以偿还到期旧债，被迫举债还债，这种情况说明财务状况已经恶化。

③混合性动机。企业因同时需要长期资金和现金而形成的筹资动机称为混合性动机。通过混合性筹资，企业既扩大了企业资金规模，又偿还了部分旧债，

即在这种筹资中混合了扩张性筹资和偿债性筹资两种动机。

（2）企业筹资的要求。企业筹资的总体要求是，要分析评价影响筹资的各种因素，讲究筹资的综合效果。具体要求主要有：

①合理确定筹资数量，努力提高筹资效果。企业在开展筹资活动之前，应合理确定资金的需要量，并使筹资数量与需要达到平衡，防止筹资不足影响生产经营或筹资过剩降低筹资效果。

②认真地选择筹资来源，力求降低资金成本。企业筹资可采用的渠道和方式多种多样，不同筹资的难易程度、资金成本和财务风险各不一样。

③适时取得资金来源，保证资金投放需要。筹措取得的资金要按照资金的投放使用时间来合理安排，使筹资与用资在时间上相衔接，避免筹取过早造成投用前的闲置或筹取滞后影响投放的有利时机。

4.资金需要量预测

企业筹集资金首先要对资金需要量进行预测，即对企业未来组织生产经营活动的资金需要量进行预测、估计、分析和判断。因为企业资金主要占用在固定资产和流动资产上，而这两项资产的性质、用途和占用资金的数额都不相同，所以分别测算。在企业正常经营的情况下，主要是对流动资金需要量进行预测。预测的方法通常分为如下两类。

（1）定性预测法。定性预测法是根据调查研究所掌握的情况和数据资料，凭借预测人员的知识和经验，对资金需要量进行判断。其一般在缺乏完备、准确的历史资料时采用。预测的主要程序是：首先，由熟悉企业经营情况和财务情况的专家，根据其经验对未来情况进行分析判断，提出资金需要量的初步意见；其次，通过各种形式进行讨论，如信函调查、开座谈会等形式；最后，参照本地区同类企业情况进行分析判断，得出预测结果。

（2）定量预测法。定量预测法是指以资金需要量与有关因素的关系为依据，在掌握大量历史数据资料的基础上，选用一定的数学方法加以计算，并将计算结果作为预测数的一种方法。定量预测法种类很多，如趋势分析法、相关分析法、线性规划法等。

（二）普通股筹资

普通股是股份有限公司的首要资本来源。在资产负债表上，负债和所有者权益栏中，可能没有长期负债，没有优先股，但不可能没有股本金。

1. 普通股的概念和种类

（1）普通股及其股东权利。普通股是股份有限公司发行的无特别权利的股份，也是最基本、最标准的股份。通常情况下，股份有限公司只发行普通股，发行普通股股票筹集到的资金称为"股本"或"股本总额"，是公司资本的主体。

普通股持有人是公司的基本股东，一般具有如下权利：

①对公司的管理权。普通股股东具有对公司的管理权。对大公司来说，普通股股东数目多，不可能每个人都直接对公司进行管理。普通股股东的管理权主要体现在其在董事会选举中有选举权和被选举权，通过选举出的董事会来代表所有股东对企业进行控制和管理。具体来说，普通股股东的管理权主要表现为投票权，即普通股股东有权投票选举公司董事会成员，并有权就修改公司章程、改变公司资本结构、批准出售公司某些资产、吸收或兼并其他公司等重大问题进行投票表决；对公司账目和股东大会决议的审查权；对公司事务的质询权。

②分享盈余的权利。分享盈余也是普通股股东的一项基本权利。盈余的分配方案由董事会决定，并由股东大会审议通过。

③出售或转让股份的权利。股东有权出售或转让股票，这是普通股股东的一项基本权利，但股份转让权的行使必须符合公司法和公司章程规定的条件、程序及其他法规。

④优先认股权。当公司增发普通股股票时，旧股东有权按持有公司股票的比例优先认购新股票。这主要是为了现有股东保持其在公司股份中原来所占的百分比，以保证他们的控制权。同时，普通股股东也基于其资格，对公司承担义务。我国公司法中规定了股东具有遵守公司章程、缴纳股款、对公司负有限责任等义务。

（2）普通股的种类。股份有限公司根据有关法律法规的规定，以及筹资和投资者的需要，可以发行不同种类的普通股。

①按投资主体不同，可以分为国家股、法人股、个人股和外资股。国家股是有权代表国家投资的部门或机构以国有资产向公司投入而形成的股份；法人股是企业法人依法以其可支配的财产向公司投入而形成的股份，或具有法人资格的事业单位和社会团体以国家允许用于经营的资产向公司投入而形成的股份。

②按股票发行时的特别规定分类，如按股票有无记名，可以分为记名股票和不记名股票；按股票是否标明金额，可分为有面值股票和无面值股票。

记名股票是在股票票面上记载股东姓名或名称的股票。这种股票除股票上所记载的股东外，其他人不得行使其股权，且股份的转让有严格的法律程序与手续，需办理过户。

不记名股票是票面上不记载股东姓名或名称的股票。这类股票的持有人即股份的所有人，具有股东资格；股票的转让也比较自由、方便，无须办理过户手续。

有面值股票是在票面上标有一定金额的股票。持有这种股票的股东，对公司享有的权利和承担义务的大小，以其所持有的股票票面金额占公司发行在外股票总面值的比例而定。

无面值股票是不在票面上标出金额，只载明所占公司股本总额的比例或股份数的股票。无面值股票的价值随公司财产的增减而变动，而股东对公司享有权利和承担义务的大小，直接依股票标明的比例而定。

③根据股票发行对象和上市地区，又可将股票分为A股、B股、H股和N股。

（3）普通股筹资的优缺点。与其他筹资方式相比，普通股筹资的优缺点较为明显。

①利用普通股筹资的主要优点：

第一，发行普通股筹措的资本具有永久性，无到期日，不需归还。这对保证公司对资本的最低需要、维持公司的长期稳定发展极为有益。

第二，公司没有支付普通股股利的法定义务。这使得公司可以根据具体情况行事。由于没有固定的股利负担，股利的支付与否与支付多少，视公司有无盈利和经营需要而定，经营波动给公司带来的债务负担相对较小。

第三，发行普通股筹集的资本是公司最基本的资金来源。这反映了公司的实力，可作为其他方式筹资的基础，尤其可为债权人提供保障，增强公司的举债能力。

第四，由于普通股的预期收益较高并可在一定程度上抵消通货膨胀的影响（通常在通货膨胀期间，不动产升值时股票也随之升值）。

另外，如果不受有关法律法规限制，公司可用普通股的买进或卖出来临时改变公司资本结构。例如，在公司盈利较高时，为防止现金的大量流失，公司可以在未公布盈利前，在市场上购买自己的普通股，作为库藏股储存起来；在公司经营不景气致使普通股市价下跌时，如果公司预测未来经营情况良好，亦可购进自己的股票储存起来，等盈利增多时再予以抛售。

②利用普通股筹资的主要缺点：

第一，筹资的资本成本较高。首先，在筹措普通股时发生的费用（如包销费）较高；其次，从投资者角度而言，投资于普通股风险较高，因而相应地要求有较高的投资报酬率。

第二，以普通股筹资会增加新股东，这可能分散公司的控制权。

2.普通股股票及其发行上市

（1）股份有限公司成立的方式有两种：发起式和募集式。采用发起式成立时，公司股份由发起人认购，不向发起人以外的任何人募集股份，而且只能发行股权证，不能发行股票；采用社会公众募集方式设立的公司，其股份除发起人认购外，其余股份应向公众公开发行。募集式设立的公司只能发行股票，不能发行股权证。

①普通股股票的票面要素。普通股股票可以随时进行转让和买卖，是一种长期性的有价证券，因此对股票的印制有严格的质量要求，必须事先经人民银行审定后在指定的印刷厂印制，但近年来逐渐趋向于"无纸化"。

股票票面要素必须足以表明股份公司的基本情况和发行股票的基本情况。其中包括：

a.发行股票的公司名称、住所，并有董事长签名和公司盖章。

b.股票字样，包括标明"普通股"字样。

c.公司设立登记或新股发行的变更登记的文号及日期。

d.股票面值和股票发行总数。

e.股东姓名或名称。

f.股票号码。

g.发行日期。

h.股票背面简要说明（如股息、红利分配原则和股东权益及义务，转让、挂失、过户的规定等）。

②普通股股票的发行。在我国，发行股票应接受国务院证券委员会和中国证券监督管理委员会的管理和监督。股票发行的管理规定主要包括股票发行的条件、发行的程序、销售方式等。

A.股票发行的条件。按照我国公司法的有关规定，股份有限公司发行股票，应符合以下条件：

a.每股金额相等。同次发行的股票，每股发行条件与价格应相同。

b.股票发行价格可按票面金额，也可以超过票面金额，但不得低于票面金额。

c.股票应当载明公司名称、公司登记日期、股票种类、票面金额，以及代表的股份数、股票编号等主要事项。

d. 公司发行记名股票的，应当置备股东名册，记载股东的姓名或者名称、住所、各股东所持股份、各股东所持股票编号、各股东取得其股份的日期。

e. 公司发行新股，必须具备一定条件（前一次发行的股份已募足，并间隔1年以上；公司在最近3年内连续盈利，并可以向股东支付股利；公司在3年内财务会计文件无虚假记载；公司预期利润率可达同期银行利率）。

f. 公司发行新股，应由股东大会做出有关事项的决议（新股种类及数额；新股发行价格；新股发行的起止日期；向原有股东发行新股的种类及数额）。

B. 股票发行的程序。如前所述，股份有限公司可以在设立时发行股票，也可以增资发行新股，两者在程序上有所不同。

a. 设立时发行股票的程序。设立时发行股票的程序分为以下五步：

第一，提出募集股份申请。股份有限公司的设立必须经过国务院授权的部门或者省级人民政府批准。发起人在递交募股申请时，还要报送下列主要文件以备审查：批准设立公司的文件；公司章程；经营结算书；发起人的姓名或名称，认购的股份数，出资种类及投资证明；招股说明书；代收股款银行的名称和地址；承销机构名称及有关协议。

第二，公告招股说明书，制作认股书，签订承销协议和代收股款协议。募股申请获得批准后，发起人应在规定期限内向社会公告招股说明书。招股说明书应附有发起人制定的公司章程，并载明发起人认购的股份数、每股的票面金额和发行价格、无记名股票的发行总数、认股人的权利和义务、本次募股的起止期限及逾期未募足时认股人可撤回所认股份的说明等事项。我国不允许股份公司自己发行股票。发起人向社会公开募集股份，应当与依法设立的证券经营机构签订协议，由证券经营机构承销股票。承销协议应载明当事人的姓名、住所及法定代表人的姓名；承销方式；承销股票的种类、数量、金额及发行价格；承销期；承销付款的日期及方式；承销费用；违约责任；等等。

第三，招认股份，收缴股款。发起人或承销机构通常以广告或书面通知的方式招募股份。认购人认股时，需填写认股书。认购人填写了认股书，便承担按认股书约定缴纳股款的义务。

第四，召开创立大会，选举董事会、监事会。募足股款后，发起人应在规定的期限内主持召开创立大会。创立大会由认股人组成，应有代表股份半数以上的认股人出席方可举行。

第五，办理设立登记，交割股票。经创立大会选举产生的董事会，应在规定的期限内办理公司设立的登记事项。

b.增资发行新股的程序。增资发行新股的程序也分为五个步骤：

第一，由股东大会做出发行新股的决议。决议包括新股种类及数额；新股发行的价格；新股发行的起止日期；向原有股东发行新股的种类及数额。

第二，由董事会向国务院授权的部门或省级人民政府申请并经批准。属于向社会公开募集的，应经国务院证券管理部门批准。

第三，公司经批准向社会公开发行新股时，必须公告新股招股说明书和财务报表及附属明细表，并制作认股书。

第四，招认股份，收缴股款。

第五，改组董事会、监事会，办理变更登记并向社会公告。

C.股票的销售方式。股票的销售方式指的是股份有限公司向社会公开发行股票时所采取的股票销售方法，具体分为自销和委托承销两类。

自销方式是指股票发行公司直接将股票销售给认购者。这种销售方式可由发行公司直接控制发行过程，实现发行意图，并节省发行费用，但往往筹资时间较长，发行公司要承担全部发行风险，并需要发行公司有较高的知名度、信誉和较强的实力。

承销方式是指发行公司将股票销售业务委托证券经营机构代理。这种方式是发行股票所普遍采用的。我国公司法规定，股份有限公司向社会公开发行股票，必须与依法设立的证券经营机构签订承销协议，由证券经营机构承销。

股票承销又分为包销和代销两种具体办法。所谓包销，是指根据承销协议商定的价格，证券经营机构一次性全部购进发行公司公开募集的全部股份，然后以较高的价格出售给社会上的认购者。所谓代销是指证券经营机构仅替发行公司代售股票，并由此获取一定佣金，但不承担股款未募足的风险。

（2）股票上市的目的与条件。股票上市是指股份有限公司公开发行的股票经批准在证券交易所进行挂牌交易。经批准在交易所交易的股票称为上市股票。按照国际通行做法，非公开募集发行的股票或未向证券交易所申请上市的非上市证券，应在证券交易所外的店头市场（Over the Counter market，简称OTC market）上流通转让。

①股票上市的目的。股份公司申请股票上市，一般是出于以下目的：

第一，资本大众化，分散风险。股票上市后，会有更多的投资者认购公司股份，公司则可将部分股份转售给这些投资者，再将得到的资金用于其他方面，这就分散了公司的风险。

第二，提高股票的变现力。股票上市后便于投资者购买，自然提高了股票的流动性和变现力。

第三,便于筹措资金。股票上市必须经过有关机构的审查批准并接受相应的管理,执行各种信息披露和股票上市的规定,这就大大增强了社会公众对公司的信赖,使其乐于购买公司的股票。

第四,提高公司知名度,吸引顾客。股票上市为社会公众所知,并被认为经营优良,会带来良好声誉,吸引更多的顾客,从而扩大销售。

第五,便于确定公司价值。股票上市后,公司股价有市价可循,便于确认公司的价值,有利于促进公司财富的最大化。

②股票上市的条件。公司公开发行的股票进入证券交易所挂牌买卖(即股票上市),须受严格的条件限制。根据有关规定,股份有限公司申请其股票上市,必须符合下列条件:

第一,股票经国务院证券管理部门批准已向社会公开发行,不允许公司在设立时直接申请股票上市。

第二,公司股本总额不少于人民币 5 000 万元。

第三,开业时间在 3 年以上、最近 3 年连续盈利、属国有企业依法改建而设立股份有限公司的,或者在公司法实施后新组建成立、其主要发起人为国有大中型企业的股份有限公司,可连续计算。

第四,持有股票面值人民币 1 000 元以上的股东不少于 1 000 人,向社会公开发行的股份达到股份总额的 25% 以上。

第五,公司在最近 3 年内无重大违法行为,财务会计报告无虚假记录。

此外,股票上市公司必须公告其上市报告,并将其申请文件存放在指定的地点供公众查阅。股票上市公司还必须定期公布财务状况和经营情况,每会计年度内半年公布一次财务会计报告。

(3)股票上市的暂停与终止。股票上市公司有下列情形之一的,由国务院证券管理部门决定暂停其股票上市:

第一,公司股本总额、股权分布等发生变化并不再具备上市条件(在规定限期内未能消除的,终止其股票上市)。

第二,公司不按规定公开其财务状况,或者对财务报告作虚假记录(后果严重的,终止其股票上市)。

第三,公司有重大违法行为(后果严重的,终止其股票上市)。

第四,公司最近 3 年连续亏损(在规定期限内未能消除,终止其股票上市)。

第五,公司决定解散,被行政主管部门依法责令关闭或者宣告破产的,由国务院证券管理部门决定终止其股票上市。

（三）资本金制度

1. 建立资本金制度的意义

资本金制度是国家围绕资本金的筹集、管理以及所有者的责权利等方面所做的法律规范。

资本是商品经济高度发达的产物，是企业从事生产经营活动的基本条件，它始终寓于社会再生产的运动之中，并不断实现资本增值。随着我国经济体制改革的深化，外商投资企业、私人企业、股份制经济等发展迅速，这也从客观上要求明确产权关系，加强对资本金的管理。

（1）有利于保障投资者权益。

我国现行的资金管理制度是借鉴苏联的做法建立和发展起来的，主要适用于国有企业。由于企业资金来源单一，所有者就是国家，制定的各类财务制度也没有考虑资本保全问题。

（2）有利于企业正确计算盈亏，真实反映企业经营状况。

过去，企业固定资产盘盈、盘亏、毁损、报废以及国家统一调价都会引起企业库存物资的价差，要相应调整资金，从而使企业盈亏不实。若调增了资金，企业的盈利就少计一部分；相反，若调减了资金，企业的盈利就虚增一部分。这些都不能如实反映企业生产经营的最终成果。

（3）有利于企业实现自负盈亏。

企业的建立和发展必须有资金，资金的来源很多，可以是借入，也可以是投资者投入，但都需要有本钱。本钱就是资本金。在市场经济社会中，企业能否借入资金、借入多少资金，取决于企业的资本金规模和资信状况，以及企业的偿债能力。因此，资本金是企业实现自主经营和自负盈亏的前提条件，建立资本金制度将有利于健全企业自主经营、自负盈亏、自我发展、自我约束的经营机制。

2. 资本金制度的内容

（1）资本金及其构成。

①资本金的含义。资本金是指企业在工商行政管理部门登记的注册资金。这是《企业财务通则》对资本金的规定。从性质上看，资本金是投资人投入的资本，是主权资本，不同于债务资金。从目的上看，资本金以追求盈利为目的，

不同于非营利性的事业行政单位资金。

在资本金的确定上，主要有三种方法：

一是实收资本制。在公司成立时，必须确定资本金总额，并一次认足，实收资本与注册资本一致，否则，公司不得成立。

二是授权资本制。在公司成立时，虽然也要确定资本金总额，但是否一次认足，与公司成立无关，只要缴纳了第一期出资，公司即可以成立，没有缴纳的部分委托董事会在公司成立后进行筹集。

三是折中资本制。要求公司成立时确定资本金总额，并规定每期出资数额，但对第一期出资额或出资比例，一般要做出限制。

②资本金的构成。依照《企业财务通则》，资本金按照投资主体分为国家资本金、法人资本金、个人资本金以及外商资本金。

国家资本金是指有权代表国家投资的政府部门或者机构以国有资产投入企业形成的资本金。法人资本金是指其他法人单位包括企业法人和社团法人以其依法可支配的资产投入企业形成的资本金。个人资本金是指社会个人或者本企业内部职工以个人合法财产投入企业形成的资本金。外商资本金是指外国投资者以及我国香港、澳门和台湾地区投资者投入企业形成的资本金。

（2）法定资本金。

依照《企业财务通则》，企业设立时必须有法定的资本金。所谓法定资本金是指国家规定的开办企业必须筹集的最低资本金数额。从现行法规看，对于法定资本金主要有以下几个规定：

①《中华人民共和国民法通则》《中华人民共和国全民所有制工业企业法》等法律法规均有些原则性规定。《中华人民共和国企业法人登记管理条例》也规定，企业法人必须有符合国家规定并与其生产经营和服务规模相适应的资金数额，以批发业务为主的商业性公司的注册资金不得少于 50 万元，以零售业务为主的商业性公司的资金不得少于 30 万元，咨询服务性公司的注册资金不得少于 10 万元，其他企业法人的注册资金不得少于 3 万元，国家对企业注册资金数额有专项规定的按规定执行。

②对外商投资企业，要求注册资本与生产经营的规模、范围相适应，并明确规定了注册资本与投资总额的最低比例或最低限额。投资总额在 300 万美元以下的，注册资本所占比例不得低于 70%；投资总额在 300 万～1 000 万美元的，不得低于 50%，其中投资总额在 420 万美元以下的，不得低于 210 万美元；投资总额在 1 000 万～3 000 万美元的，其比例不得低于 40%，其中投资总额

在1 250万美元以下的,注册资本不得低于500万美元;投资总额在3 000万美元以上的,不得低于投资额的1/3,其中投资总额在3 600万美元以下的,注册资本不得低于1 200万美元。

③《中华人民共和国公司法》规定,股份有限公司注册资本的最低限额为人民币1 000万元,有外商投资的公司的注册资本不低于人民币3 000万元。有限责任公司注册资本的最低限额为:生产经营性公司、商业物资批发性公司人民币50万元;商业零售性公司人民币30万元;科技开发、咨询、服务性公司人民币10万元。其中民族区域自治地区和国家确定的贫困地区,经批准,注册资本的最低限额可按上述规定限额降低50%。

(3)资本金的筹集方式。

①货币投资。在注册资本中,投资各方需要投资的货币资金数额,通常取决于投入的实物、专利权、商标权之外,还需要多少资金才能满足建厂和生产经营费用开支。按我国有关法律法规规定,货币出资不得少于资金的50%。

若为外商投资,外商出资的外币应按缴款当日我国外汇管理部门公布的外汇牌价折算成人民币或套算成约定的外币,假定某合资企业合同规定,注册资本以美元表示,而记账本位币采用人民币,在合资外方用港币汇来作为投资缴款时,对此记账,就应先将港币按缴款当日牌价折算成美元,然后用同日牌价将美元折合成人民币,凭此记账。

②实物投资。实物投资包括固定资产投资和流动资产投资。

固定资产投资指投资单位以厂房、建筑物、机器设备、仓库运输设备等固定资产作为投资。这种投资的价值一般按投出单位的账面价值作为固定资产的原值,由联营双方按质论价确定的价值作为固定资产的净值,即投资的实际数额。

流动资产投资指投资单位以流动资产对企业的投资,一般是以提供原材料及主要材料、辅助材料或提供劳务等形式作为对企业的投资。这类流动资产投资额的确定与企业流动资产计价方法相同。

③专利权、商标权和非专利技术投资。专利权是依法批准的发明人对其发明成果在一定年限内享有独立权、专用权和转让权,任何单位、个人如果需要利用该项专利,必须事先征得专利使用者许可,并付给一定的报酬。商标权是商标经注册后取得的专用权,受法律保护。商标的价值在于它能够使拥有者具有较大的获利能力。按商标法规定,商标可以转让,但受让人应当保证商标的产品质量。商标也是企业出资方式之一。非专利技术即专有技术,或技术秘密、技术诀窍,指先进的、未公开的、未申请专利的、可以带来经济效益的技术及

诀窍，主要包括以下两种：工业专有技术，指生产上已经采用，仅限于少数人知道，不享有专利权或发明权的生产、装配、修理、工艺或加工方法的技术知识；商业（贸易）专有技术，指具有保密性质的市场情报、管理方法、培训职工方法等保密知识。

其中应当指出，作为投资的专有技术与应由企业支付的技术转让费是不同的，其他单位可以把专有技术转让给企业使用，向企业分期收取一定的费用，企业支付的这种费用，被称为技术转让费。

作为投资者出资的商标权、专利权、非专有技术，必须符合下列条件之一：能生产市场急需的新产品或出口适销的产品；能显著改进现有产品的性能、质量，提高生产效率；能显著节约原材料、燃料和动力。

我国现行的法律、法规虽允许企业使用无形资产进行投资，但无形资产投资总额不宜过高，否则就会影响货币和实物投资，不利于企业生产经营和发展。

必须指出，投资各方按合同规定向企业认缴的出资，必须是投资者自己所有的货币资产，以及自己所有并未设立任何担保物权的实物、商标权、专利权、非专利技术等。

④土地使用权投资。企业所需场地，应由企业向所在地的市（县）级土地主管部门提出申请，经审查批准后，通过签订合同取得场地使用权。合同应说明场地面积、地点、用途、合同期限、场地使用权的费用（以下简称"场地使用费"）、双方的权利与义务、违反合同的罚款等。

场地使用费标准应根据场地的用途、地理环境条件、征地拆迁安置费用、合资企业对基础设施的要求等因素，由所在地的省、自治区、直辖市人民政府规定。企业所需土地的使用权，如为某企业所拥有，则该企业可将其作为对新企业的出资，其作价金额应与取得同类土地使用权所缴纳的使用费相同。

土地使用权投资与场地使用费不同，土地使用权投资是对企业的一项投资，是企业的无形资产，其价值分期摊销转作费用。土地使用权投资的价值，一般可按土地面积、使用年限和政府规定的土地使用费标准综合计算，其具体作价应由投资各方协商确定。场地使用费是企业向政府申请使用场地，而按场地面积和政府规定的使用费标准，按期向政府交纳的场地使用费用，是企业的一项费用支出。

二、流动资产投资管理

（一）现金管理

现金是流动性最强的资产，包括库存现金、银行存款、银行本票、银行汇票等。拥有足够的现金对降低企业财务风险、增强企业资金的流动性具有十分重要的意义。

1. 现金管理的目的和内容

为了说明现金管理的目的和内容，必须了解企业持有现金的动机。

（1）企业持有现金的动机。

①支付动机。支付动机是指企业需要现金支付日常业务开支。它包括材料采购、支付工资、缴纳税款等。尽管企业平时也会从业务收入中取得现金，但很难做到收入和付出在数量和时间上那么协调。

②预防动机。预防动机是指企业持有现金以备意外事项之需。日常经营活动受价格高低、应收账款不能按期收回等多种因素的影响，现金流量难以准确测算，因此持有一定数量的现金可以防不测。一般来说，经营风险越大或销售收入变动幅度越大的企业，现金流量难以把握的程度越大，其预防性现金持有量应越多。

③投机动机。投机动机是指企业持有现金，以便当证券价格剧烈波动时，从事投机活动，从中获得收益。当预期利率上升，有价证券的价格将要下跌时，投机动机就会鼓励企业暂时持有现金，直到利率停止上升为止。当预期利率将要下降，有价证券的价格将要上升时，企业可能会将现金投资于有价证券，以便从有价证券价格的上升中得到收益。

（2）现金管理的目的。

现金管理的目的，是在保证企业生产经营所需现金的同时，节约使用资金，并从暂时闲置的现金中获得最多的利息收入。企业的库存现金没有收益，银行存款的利息率也远远低于企业的资金利润率。现金结余过多，会降低企业的收益；现金太少，又可能会出现现金短缺，影响生产经营活动。

（3）现金管理的内容。

现金管理的内容主要包括以下几个方面：

①编制现金收支预算，以便合理地估计未来的现金需求。

②用特定的方法确定理想的现金余额。当企业实际的现金余额与理想的现

金余额不一致时，采用短期融资、归还借款、投资于有价证券等策略来达到理想状况。

③对日常的现金收支进行管理，力求加速现金周转速度，提高现金的使用效率。

2.现金最佳持有量的确定

现金是一种流动性最强的资产，又是一种营利性最差的资产。现金过多，会使企业盈利水平下降，而现金太少，又有可能出现现金短缺，影响生产经营。在现金余额问题上，存在风险与报酬的权衡问题。西方财务管理中确定最佳现金余额的方法很多，现结合我国实际情况，介绍最常用的几种方法。

（1）成本分析模式。

成本分析模式是通过分析持有现金的成本，寻找使现有成本最低的现金持有量。企业持有的现金，将会有三种成本：

①资本成本（机会成本）。现金作为企业的一项资金占用，是有代价的，这种代价就是它的资本成本。假定某企业的资本成本率为10%，年均持有50万元的现金，则该企业每年现金的资本成本为5万元。现金持有额越大，资本成本越高。企业为了经营业务，需要拥有一定的资金，付出相应的资本成本代价是必要的，但现金存量过多，资本成本代价大幅度上升，就不合算了。

②管理成本。管理成本是指对企业置存的现金资产进行管理而支付的代价。例如，建立完整的企业现金管理内部控制制度，制定各种现金收支规定、现金预算执行的具体办法等，它包括支付给具体现金管理人员的工资费用、各种安全措施费等。

③短缺成本。短缺成本是指企业由于缺乏必要的现金，而不能应付必要的业务开支使企业承受的损失。现金的短缺成本一般有如下三种。

第一，丧失购买能力的成本。这主要是指企业由于缺乏现金而不能及时购买原材料、生产设备等生产必要物资，而使企业正常生产不能得以维持的代价。这种代价虽然不能明确测定，一旦发生，会给企业造成很大的损失。

第二，信用损失和得到折扣好处成本。首先是指企业由于现金短缺而不能按时付款，因而失信于供货单位，造成企业信誉和形象下降的成本，这种损失是长久和潜在的。其次是指企业缺乏现金，不能在供货方提供现金折扣期内付款，丧失享受现金折扣优惠的好处，而相应提高了购货成本的代价。

第三，丧失偿债能力的成本。这是指企业由于现金严重短缺而根本无力在近期内偿还各种负债而给企业带来重大损失的成本。由于现金短缺而造成企业财务危机，甚至导致破产清算的先例举不胜举，在所有现金短缺成本中，此项成本最有可能对企业造成致命的影响。

（2）存货模式。

存货模式的基本原理是将企业现金持有量和有价证券联系起来衡量，即将现金的持有成本同转换有价证券的成本进行权衡，以求得二者相加总成本最低时的现金余额，从而得出最佳现金持有量。

使用存货模式，需要建立在一个假定条件之上的，即企业在一定时期内现金的流出与流入量均可预测。企业期初持有一定量的现金，若每天平均流出量大于流入量，到一定时间后现金的余额降至零时，企业就得出售有价证券进行补充，使下一周期的期初现金余额恢复到最高点，而后这笔资金再供生产逐渐支用，待其余额降至零后又进行补充，如此周而复始。

如前所述，当企业持有的现金趋于零时，就需要将有价证券转换为现金，用于日常开支，但转换有价证券需要支付一些固定成本。一定时期内变换有价证券的次数越多，其固定成本就越高。当然，企业置存现金也要付出一定代价，因为保留现金意味着放弃了投资于有价证券而产生的利息收益机会。一般来说，在有价证券收益率不变的条件下，保持现金的余额越多，形成的机会成本越大。

存货模式确定最佳现金持有量是建立在未来期间现金流量稳定均衡且呈周期性变化的基础上的。在实际工作中，企业要准确预测现金流量，往往是不易做到的。通常可以这样处理：在预测值与实际发生值相差不是太大时，实际持有量可在上述公式确定的最佳现金持有量基础上，稍微再提高一些即可。

（3）随机模式。

随机模式是适用于企业未来的现金流量呈不规则波动、无法准确预测的情况下的一种控制模式。这种方法的基本原则是制定一个现金控制区域，定出上限和下限。上限代表现金持有量的最高点，下限代表最低点。当现金余额达到上限时则将现金转换成有价证券。

3.现金收支管理

在现金管理中，企业除合理编制现金收支预算和确定最佳现金余额外，还必须进行现金收支的日常控制。

（1）加速收款。

①集中银行。集中银行是指通过设立多个策略性的收款中心来代替通常在

公司总部设立的单一收款中心，以加速账款回收的一种方法。其目的是缩短从顾客寄出账款到现金收入企业账户这一过程的时间。具体做法是：企业销售商品时，由各地分设的收款中心开出账单，当地客户收到销售企业的账单后，直接汇款或邮寄支票给当地的收款中心，中心收款后立即存入当地银行或委托当地银行办理支票兑现；当地银行在进行票据交换处理后立即转给企业总部所在地银行。

应用集中银行的优点表现在两个方面：一是缩短了账单和支票的往返邮寄时间。这是因为账单由客户所在地的收款中心开出，并寄给当地客户，所需的时间明显小于直接从企业所在地邮寄账单给客户的时间；同时，客户付款的支票邮寄到距离最近的收款中心的时间比直接邮寄到企业所在地的时间短。二是缩短支票兑现所需的时间。这是因为各地收款中心收到客户的支票并交当地银行，企业就可向该地银行支取使用。采用这种方法也有不足之处，每个收款中心的地方银行账户应保持一定的存款余额，开设的中心越多，这部分"冻结资金"的机会成本也就越大。另外，设立收款中心需要一定的人力和物力，花费较多。这些都是财务主管在决定采用集中银行时必须考虑到的。

②锁箱系统。锁箱系统是通过承租多个邮政信箱，以缩短从收到顾客付款到存入当地银行的时间的一种现金管理办法。具体做法是：企业对客户开出发票、账单，通知客户将款项寄到当地专用的邮政信箱，并直接委托企业在当地的开户银行每日开启信箱，以便及时取出客户支票立即予以登记、办理票据交换手续并存入该企业账户。当地银行依约定期向企业划款并提供收款记录。采用锁箱系统的优点是：比集中银行的做法更能缩短企业办理收款、存储手续的时间，即公司从收到支票到这些支票完全存入银行之间的时间差距消除了。不足之处是需要支付额外的费用。银行提供多项服务要求有相应的报酬，这种费用支出一般来说与存入支票张数成一定比例。所以，如果平均汇款数额较小，采用锁箱系统并不一定有利。

（2）控制现金支出。

①使用现金浮游量。所谓"浮游量"，是指企业从银行存款账户上开出的支票总额超过其银行存款账户的余额。出现现金浮游的主要原因是：从企业开出发票、收款人收到支票并将其送交银行，甚至银行办理完款项的划转，通常需要一定的时间。在这段时间里，企业已开出支票却仍可动用银行存款账户上的这笔资金，以达到充分利用现金之目的。企业使用现金浮游量应谨慎行事，要预先估计好这一差额并控制使用的时间，否则会发生银行存款的透支。

②延缓应付款的支付。企业在不影响自己信誉的前提下，应尽可能地推迟应付款的支付期，充分运用供应商所提供的信用优惠。例如，企业在采购材料时，其付款条件为开票后 10 天内偿付，可享受现金折扣 2%，30 天内则按发票金额付款。企业应安排在开票后第 10 天付款，这样既可最大限度地利用现金，又可享受现金折扣。如果企业确实急需资金，或短期调度资金需要花费较大代价，也可放弃折扣优惠，当然，应在信用期的最后一天支付款项。

此外，企业还可以利用汇票这一结算方式来延续现金支出的时间。因为汇票和支票不同，不能见票即付，还需由银行经购货单位承兑后方能付现，故企业的银行存款实际支付的时间迟于开出汇票的时间。

（二）应收账款管理

应收账款是企业因对外销售产品、材料、提供服务等而应向购货或接受服务单位收取的款项。应收账款的存在是企业采取赊销和分期付款方式引起的，其产生的原因：一是适应市场竞争的需要；二是销售和收款实际时间上存在差异。

1. 应收账款的成本与管理目标

企业运用应收账款的商业信用与持有现金一样是有代价的，表现为机会成本、管理成本、坏账损失成本、短缺成本。

（1）机会成本。企业为了扩大销售而采取信用政策，这意味着有一部分销货款不能及时收回，要相应为客户垫付一笔相当数量的资金，这笔资金也就丧失了投资获利的机会，便产生了应收账款的机会成本。

（2）管理成本。管理成本，即为管理应收账款所花费的一切费用开支，主要包括客户的信誉情况调查费用、账户的记录和保管费用、应收账款费用、收集与整理各种信用费用等。

（3）坏账损失成本。由于各种原因，应收账款总有一部分不能收回，这就是坏账损失成本，它一般与应收账款的数量成正比关系。

（4）短缺成本。企业不能向某些信誉好的客户提供信用，而这些客户转向其他企业，使本企业销售收入下降，这种潜在的销售收入损失被称为短缺成本。

2. 信用政策

提高应收账款投资收益的重要前提是制定合理的信用政策。信用政策是应收账款的管理政策,即企业对应收账款投资进行规划与控制而确立的基本原则与行为规范,包括信用标准、信用条件和收账策略三个方面内容。

(1)信用标准。信用标准是指企业同意顾客要求而在销售业务中给予一定付款宽限期,这种商业信用的最低标准,通常以预期的坏账损失率表示。这项标准的确定,主要是根据本企业的实际经营情况、市场当时竞争的激烈程度、客户的信誉情况等综合因素来制定。

①信用标准的定性评估。对于信用标准的评估一般可从质与量两个方面来进行。信用标准质的衡量往往比量的衡量更为重要,因为一个客户信用品质如何是其以往从商信誉的集中体现,它能综合地反映某一顾客承付货款的履约程度,这对于确定合适的信用标准是至关重要的。客户资信程度的高低通常取决于五个方面,即品德、能力、资本、担保、条件。

a.品德。指客户履约或赖账的可能性。由于信用交易归根结底是对付款的承诺与履行,因而品德也可指客户承诺责任、履行偿债的一种诚意。

b.能力。客户付款能力的高低。一般根据客户流动资产的数量、质量及其与流动负债的结构关系来进行判断。

c.资本。资本(特别是有形资产净值与留存收益)反映了客户的经济实力与财务状况的优劣,是客户偿付债务的最终保障。

d.担保。指客户所能提供的作为债务安全保障的资产。

e.条件。指可能影响客户目前付款能力的经济环境。

上述五种信用状况,可通过查阅客户的财务报告资料或通过银行提供的客户信用资料取得;也可通过与同一客户有信用关系的其他企业相互交换该客户的信用资料(如付款记录、信用金额、往来时间等),或从企业自身的经验与其他途径取得;还可通过从商业代理机构或征信调查机构提取的信息资料及信用等级标准取得。

②信用标准的定量评估。

信用标准的定量评估,可以通过设定信用标准来进行。设定信用标准是依客户的具体信用资料,以若干个具有代表性、能说明企业偿付能力和财务状况的指标作为信用标准确定指标,并以此作为给予或拒绝给予客户信用的依据。

(2)信用条件。信用标准是企业评价客户信用等级,决定给予或拒绝给予客户信用的依据。信用条件是指企业要求客户支付赊销款的条件,主要包括信用期限、折扣期限、现金折扣等,它规定若客户能够在发票开出后的10日内付款,可以享受2%的现金折扣;如果放弃折扣优惠,则全部款项必须在30

日内付清。在此，30日为信用期限，10日为折扣期限，2%为现金折扣（率）。

①信用期限。是企业向客户提供赊账的最长期限。一般而言，信用期限过长，对扩大销售具有刺激作用，但会为企业带来坏账损失，使被占用资金的机会成本和收账费用增加。因此，企业必须慎重研究，规定出恰当的信用期。

②折扣期限与现金折扣。在企业延长信用期限后，便会使应收账款多占用资金。为了加速资金的回收与周转，减少坏账损失，企业往往可采用向客户提供现金折扣的办法，来吸引客户为享受优惠而提前付款，缩短企业的平均收款期。另外，现金折扣也能招揽一些视折扣为减价出售的客户前来购货，企业可借此扩大销售量。现金折扣率的大小往往与折扣期联系在一起。折扣率越大，则折扣期限（付款期限）就越短，反之亦然。

③收账政策。企业对不同过期账款的收款方式，包括准备为此付出的代价，就是它的收账政策。例如，对短期拖欠款户，可采用书信形式婉转地催讨账款；对较长期的拖欠户，可采用频繁的信件手段和电话催询手段，可在必要时运用法律手段加以解决。

企业在制定应收账款政策时，应明确以下两个问题：

第一，收账成本与坏账损失的关系。企业花费的收账成本越高，应收账款被拒付的可能性就越小，企业可能遭受的坏账损失也就越小。但是，收账成本与坏账损失之间并不存在线性关系。当企业刚开始发生一些收账成本时，应收账款的坏账损失有小部分降低；随着收账成本的继续增加，应收账款被拒付的可能性明显减少；当收账成本的增加一旦越过某个限度，则追加的收账成本对进一步减少坏账损失的作用便呈减弱的趋势，因为总会有一些客户由于种种原因而拒付货款。

第二，收账成本与期望收回的应收账款之间的关系。只有当预期收回应收账款的收益大于企业所支付的收账成本时，企业才有必要付出代价收取应收账款。

3. 应收账款的日常管理

企业对于已经发生的应收账款，还应进一步强化日常管理工作，采取有力的措施进行分析、控制，及时发现问题，提前采取相应对策。这些措施主要包括对应收账款进行追踪分析、账龄分析、收现率分析和制定应收账款坏账准备制度。

账龄分析可通过编制分析表的形式进行，企业可按某一时点，将所发生在外的各笔应收账款按照开票日期进行归类（即确定账龄），并计算出各账龄应收账款的余额占总计余额的比重。

（三）存货管理

存货是企业在生产经营中为销售或者生产耗用而储存的各种资产，包括商品、产成品、半成品、在产品及各类材料、燃料、包装物、低值易耗品等。作为联系商品的生产与销售的重要环节，存货控制或管理效率的高低，直接反映并决定着企业收益、风险、资产流动性的综合水平，因而存货管理对保证企业生产正常进行、满足市场销售的需要、保持均衡生产、降低生产成本、预防意外事故的发生起着非常重要的作用。

1. 存货管理目标

企业出于保证生产或销售的经营需要和出自价格的考虑，必须储备一定量的存货。企业各个部门人员对存货储存有着不同的观点。

采购人员希望能大批量采购存货，以便取得价格优惠并可节约运费。他们还希望尽可能提早采购，以减少紧急订货造成的额外支出，避免中断供应而受到各方面的指责。

生产人员希望能大批量、均衡而且稳定地进行生产。经常改换品种，势必加大成本，降低生产效率。每个品种的大批量生产，将使平均存货水平上升。

销售人员希望本企业有大量存货，这样不仅可以提升市场上的竞争能力，而且因为是现货交易，有利于扩大销售额。他们还希望存货的品种齐全，或者生产部门能按客户要求及时改换品种，而不管批量多么小。

针对上述特点，企业存货既要保证生产、保证销售等功能的充分发挥，使生产经营活动得以顺利进行，又要有利于降低存货成本、减少企业流动资产占用、提高资金的使用效果。这样企业存货管理的目标就是在存货的成本与收益之间进行利弊权衡，实现二者的最佳组合。

2. 存货成本

存货成本是企业为了存储存货而发生的各种支出，包括以下三种：

（1）进货成本。进货成本主要由存货的进价成本、进货费用及采购税金（如增值税的进项税额、进口原材料的关税）三方面构成。这里设物价与税率不变且无采购数量折扣，这样采购税金总计数就保持相对稳定，属于决策无关成本。

①进价成本。指存货本身的价值，常用数量与单价的乘积来确定。每年需用量用 D 表示，单价用 u 表示，于是进价成本为 Du。

②进货费用。企业为组织进货而发生的各种费用，一是与进货次数有关的费用，如差旅费、邮资、电报电话费等，称为进货变动费用；二是与订货次数无关的费用，如常设采购机构的基本开支，称为进货的固定费用（用F_1表示）。每次进货的变动费用用K表示，而订货次数等于存货年需用量（D）与每次进货批量（Q）之商。

（2）储存成本。储存成本是企业储存存货而发生的各种支出，包括存货占用资金的利息支出、仓库费用、保险费用、存货破损、变质损失等。

储存成本包括两种：一是与存货数量多少无关的储存成本，如仓库折旧额、仓库职工的固定工资等，称为储存固定成本；二是与存货数量多少有关的储存成本，如存货资金的应计利息、存货的破损与变质损失、保险费用等，称为储存变动成本。

三、销售收入与利润管理

（一）销售收入管理

1. 销售收入管理概述

（1）销售收入的概念及组成。在商品经济条件下，企业生产产品的目的不是自己消费，而是对外出售。企业在一定时期因销售产品或对外提供劳务所获取的收入就是销售收入，包括产品销售收入和其他业务收入。

①产品销售收入。产品销售收入是企业生产经营活动的主要收入，在整个企业销售收入中占有最大比重，是销售收入管理的重点。工业企业的产品销售收入包括销售产成品、自制半成品、工业性劳务等取得的收入。产品销售收入的实现不受销售对象的限制，企业的产品销售收入除包括对企业以外的其他单位销售产品取得的收入外，还应包括对企业内部非生产部门销售产品取得的收入。

②其他业务收入。其他业务收入是指企业从产品销售业务以外的其他销售或其他业务所取得的收入，包括材料销售、固定资产出租、包装物出租、外购商品销售、运输业务、无形资产转让、提供非工业性劳务等取得的收入。

（2）销售收入的确认。销售收入的确认是销售收入管理的重要内容，它直接影响纳税时间的确定和利润的计算。正确确认销售收入的实现，对于处理好国家与企业的分配关系、保证国家的财政收入、正确评价企业的经营成果和经济效益，具有十分重要的意义。

根据《工业企业财务制度》的规定，企业应于产品已经发出，劳务已经提供，同时收讫价款或取得收取价款的凭据时，确认销售收入的实现。按照权责发生制原则，销售收入的实现主要有两个标志：

第一，物权的转移，即产品已经发出，劳务已经提供。

第二，货款已经收到或取得收取货款的权利，即企业已将发票账单提交对方或已向银行办妥托收手续，从而取得了收款权利。

企业按上述要求确认的销售收入，不是销售净收入。因为，在实际业务中存在着销售退回、销售折让、销售折扣等事项。根据《工业企业财务制度》的规定，企业在销售业务中发生的销售退回、销售折让、销售折扣等，应冲减当期销售收入。

销售退回是指企业已销产品，因质量、品种规格等不符合合同或有关规定的要求，由购买方全部或部分退回企业的事项。销售折让是指企业已销产品，因种种原因达不到规定要求，诸如发现外观破损，经过协商，而在价格上给购买方以折让的事项。对于销售退回和销售折让，企业应及时查明原因和责任，冲减销售收入。销售折扣，是企业为鼓励消费者或用户多购、早付款而采取的一种促销措施。销售折扣常见的有现金折扣、数量折扣、季节折扣等方式。

①现金折扣。现金折扣是指企业为鼓励购买者在一定期限内早日偿还货款而实行的一种减价。例如，折扣条件为"2/10，$n/30$"，即购买者必须在30天内付清货款，如果在10天内付清货款，可以享受货款总金额2%的优惠。

②数量折扣。数量折扣是指企业为鼓励购买者多买而给大量购买者的一种减价，即买得越多，价格越便宜。

③季节折扣。季节折扣是指生产经营季节性产品的企业给购买过季产品的购买者的一种减价。

（3）销售收入管理的意义。销售收入是企业的重要财务指标，是企业生产经营成果的货币表示。加强销售业务管理，及时取得销售收入，对国家和企业都具有十分重要的意义。

①加强销售管理，及时取得销售收入，是保证企业再生产过程顺利进行的重要条件。在社会主义市场经济条件下，企业作为自主经营、自负盈亏的经济实体，要以自己的收入补偿自己的支出。工业企业的再生产过程包括供应、生产和销售三个环节。企业只有将生产的产品在市场销售给消费者和用户，并及时收回货款，再生产才能顺利进行。

②加强销售管理,及时取得销售收入,才能满足国家建设和人民生活的需要。在社会主义市场经济条件下,企业生产的目的是满足社会需要,并以收抵支,取得盈利。企业将产品生产出来,还未达到此目的,只有将已经生产出来的产品及时销售出去,才能证明企业生产的产品是社会所需要的,才能尽快满足国家经济建设和人民生活的需要。

③加强销售管理,及时取得销售收入,是企业实现纯收入、完成上缴财政任务、扩大企业积累的前提。企业取得的销售收入,扣减生产经营过程中的耗费,剩下的就是企业的纯收入,包括税金和利润两部分。企业将税金和利润的一部分上缴财政,其余按规定顺序进行分配。

2. 销售价格的管理

销售收入是销售数量和销售单价的乘积。在销售数量既定的前提下,销售价格是影响销售收入的决定性因素,因此,销售价格的管理是销售收入管理的重要内容。

(1) 产品价格的概念。产品价格是产品价值的货币表现,它包括物化劳动转移的价值和活劳动新创造的价值。产品价值的大小取决于生产该种产品的社会必要劳动量。

产品价值从构成上看,可以分为三个部分,一是已消耗的生产资料转移的价值,用 c 表示;二是生产者为自己劳动所创造的价值,用 v 表示;三是生产者为社会劳动所创造的价值,用 m 表示。产品价值 w 可以用下面的公式表述:

$$w=c+v+m \tag{1-13}$$

(2) 工业品价格体系及构成。在高度集中的计划管理体制下,我国工业品价格主要由中央或地方的物价管理部门或企业主管部门统一制定,企业很少有定价权。自经济体制改革以来,随着商品经济的发展和企业自主权的扩大,这种高度集中的价格管理体制的弊端越来越明显地表露出来,不少产品的价格既不能反映产品的价值,又不能反映产品的供求关系,严重影响了经济体制改革的深入和社会经济的发展。

我国现行工业品价格体系,按产品在流通过程中经过的主要环节,一般分为出厂价格、批发价格和零售价格三种。

①出厂价格。出厂价格是生产企业出售给商业批发企业,或其他企业所采用的价格,是其他价格形式的基础。

②批发价格。批发价格是批发企业对零售企业或大宗购买单位出售产品方

所采用的价格,是实际零售价格的基础。

③零售价格。零售价格是零售企业向消费者或用户出售产品所采用的价格,是产品在流通过程中最后一道环节的价格。

从工业品价格体系及其构成不难看出,工业品的出厂价格是整个工业品价格构成的基础,对批发价格、零售价格有决定性的影响。

(3)出厂价格的制定。工业品出厂价格的制定,在遵守国家物价政策的前提下,应综合考虑以下几个因素:

①产品价值。价格是价值的货币表现,产品价格的制定应以价值为基础,基本符合其价值。只有这样,企业才能在正常生产经营条件下补偿生产耗费,完成上缴财政任务,满足自我积累和扩大再生产的需要。

②供求关系。价格围绕价值上下波动主要受供求关系的影响。当产品供不应求时,价格会上涨,刺激生产,限制消费;当产品供过于求时,价格会下跌,刺激消费,限制生产。

③其他因素。企业在制定产品价格时,除应考虑产品价值、供求关系这两个基本因素外,还应考虑各产品之间的比价、分销渠道、消费者心理以及质量差价、季节差价、环节差价等因素,使产品价格趋于合理。

工业品出厂价格的定价方法多种多样,常见的有以下几种。

①成本外加法。成本外加法是指以产品成本费用(包括制造成本和期间费用)为基础,再加上一定的销售税金和利润,以此确定产品出厂价格的方法。其计算公式为

$$出厂价格 = 单位产品成本费用 + 单位产品利润 + 单位产品销售税金 \tag{1-14}$$

②反向定价法。反向定价法又称销价倒扣法,它是以零售价格为基础,以批零差价、进批差价为依据,反向计算产品出厂价格的一种方法。其计算公式为

$$批发价格 = 零售价格 \times (1 - 批零差率) \tag{1-15}$$

$$出厂价格 = 批发价格 \times (1 - 进批差率) \tag{1-16}$$

③心理定价法。心理定价法是指根据消费者和用户购买产品时的心理状态来确定产品价格的方法,如某些名牌产品的定价可以远远高于其他同类产品。这样既满足了消费者追求名牌的心理需要,又可以使企业增加盈利。

产品价格的制定,除上述四种方法外,还有创利额定价法、比较定价法等。总之,随着社会主义市场经济的进一步发展,企业定价权的扩大,企业应遵循

价值规律的要求，综合考虑各方面的因素，选择恰当的定价方法，制定出合理的价格，以达到扩大销售、增加盈利的目的。

3. 产品销售预测与日常管理

（1）产品销售预测。产品销售预测是指企业根据销售情况，结合对市场未来需求的调查，运用科学的方法，对未来时期产品的销售量和销售收入所进行的测算和推断。

产品销售预测的方法很多，大致可归纳为经验判断法和数学分析法两类。

经验判断法是指利用人们的实践经验，通过分析判断，对企业未来的销售发展趋势进行预测的方法。常见的有专家调查法、集合意见法、调查分析法等。这类方法简便易行，主要用于缺乏资料情况下的中长期预测。

数学分析法是根据企业销售的历史资料，通过运用一定的数学方法，对企业未来的销售发展趋势进行预测的方法。常见的有时间序列法、回归分析法、本量利分析法等。

①时间序列法。时间序列法是指按照时间顺序，通过对过去几期销售数据的计算分析，确定未来时期销售预测值的方法，包括简单平均法、加权平均法、移动平均法等。

第一，简单平均法。简单平均法是指将企业过去几期的实际销售数据之和除以期数而求得预测值的方法。

第二，加权平均法。加权平均法是指根据各期实际销售量对销售预测值的影响程度，分别给予不同的权数，然后求出加权平均数，并以此作为销售预测值的方法。

第三，移动平均法。移动平均法是指从销售时间序列数据中选取一组数据求其平均值，逐步移动，以接近预测期的平均值为基数，考虑发展趋势加以修正，从而确定销售预测值的方法。

②回归分析法。回归分析法是指根据销售变动趋势，建立回归方程，通过解回归方程求得销售预测值的方法。此法适用于销售量直线上升的企业。

③本量利分析法。本量利分析法是指利用销售量、成本与利润三者的内在联系，在已知产品成本的前提下，根据目标利润的要求来预测销售量的方法。

（2）销售收入的日常管理。销售收入的日常管理可分为如下四部分。

①按需组织生产，做好广告宣传工作。企业的产品，只有符合社会需要、质量上乘、品种规格齐全、价格合理、受广大消费者和用户欢迎，才能销售出去，迅速实现销售收入。因此，企业必须十分重视市场调查和预测，按社会需要组

织生产，研究开发新产品，不断提高产品质量，努力降低产品成本，向市场提供适销对路、物美价廉的产品。

②加强销售合同管理，认真签订和执行销售合同。经济合同是法人之间为实现一定经济目的，明确相互权利和义务而订立的协议。企业现今的产品销售，大都是通过销售合同来实现的。因此，企业财务部门应积极协助销售部门加强销售合同管理，认真签订和执行销售合同，以确保销售收入的实现。首先，企业要根据生产情况及时与购买单位签订销售合同，明确规定销售产品的品种、数量、规格、价格、交货日期、交货地点、结算方式以及违约责任。其次，企业应加强库存产品的保管，及时按合同要求进行选配、包装，搞好发运工作。

③做好结算工作，及时收回货款。产品销售包含两层含义：一是向购买者发出产品；二是向购买者收取货款。有鉴于此，企业不仅要重视产品的发出，还要关心货款的收回。首先，企业应从既要有利于销售产品，又要有利于及时收回货款的原则出发，正确选择结算方式。其次，在托收承付结算方式下，企业发货后应尽快从有关部门取得发货和运输凭证，向银行办妥托收手续、监督购货单位按期付款。最后，对逾期未收回的账款，应及时查明原因，分别情况妥善处理。

④做好售后服务工作，为今后进一步扩大销售奠定基础。企业应树立对消费者和用户负责的观念，在产品售出后，做好售后服务工作。诸如为消费者和用户免费安装调试产品，提供配件、备件，建立维修网络，坚持上门服务，及时检修和排除故障，以及采取包修、包退、包换等措施。良好的售后服务，有助于解除消费者和用户的后顾之忧，树立良好的企业形象，提高产品声誉，增强竞争能力，为今后进一步扩大销售、增加盈利奠定基础。

（二）利润管理概述

1. 利润的构成

利润是指企业在一定会计期间的经营成果，包括营业利润、利润总额和净利润。它是衡量企业生产经营管理水平的重要综合指标。利润总额若为正数，则表示盈利；若为负数，则表示亏损。

利润总额 = 营业利润 + 投资收益 + 补贴收入 + 营业外收入 − 营业外支出

(1-17)

（1）营业利润。营业利润是指主营业务收入减去主营业务成本和主营业务税金及附加，加上其他业务利润，减去营业费用、管理费用和财务费用后的金额。

营业利润 = 主营业务利润 + 其他业务利润 − 营业费用 − 管理费用 − 财务费用

(1-18)

其中

主营业务利润 = 主营业务收入 − 主营业务成本 − 主营业务税金及附加

(1-19)

其他业务利润 = 其他业务收入 − 其他业务支出　　(1-20)

（2）投资收益。投资收益包括对外投资分得的利润、股利、债券利息、投资到期收回或者中途转让取得款项高于账面价值的差额，以及按照权益法核算的股权投资在被投资单位增加的净资产中所拥有的数额。

投资损失包括对外投资到期收回或者中途转让取得款项低于账面价值的差额，以及按照权益法核算的股权投资在被投资单位减少的净资产中所分担的数额。

（3）补贴收入。补贴收入是指企业按规定实际收到的返还的增值税，或按销量、工作量等依据国家规定的补助定额计算并按期给予的定额补贴，以及属于国家财政扶持的领域而给予的其他形式的补贴。

（4）营业外收入与营业外支出。企业的营业外收入和营业外支出是指企业发生的与其生产经营活动无直接关系的各项收入和各项支出。

①营业外收入。企业营业外收入是指与企业销售收入相对应的，虽与企业生产经营活动没有直接因果关系，但与企业又有一定联系的收入。

第一，固定资产的盘盈和出售净收益。盘盈固定资产净收益是按照原价扣减估计折旧后的余额；出售固定资产净收益是指转让或者变卖固定资产所取得的价款减去清理费用后的数额与固定资产账面净值的差额。

第二，罚款收入。它是指企业取得的对对方违反国家有关行政管理的法规，按照规定收取的罚款。

第三，因债权人原因确实无法支付的应付款项。这主要是指因债权人单位变更登记、撤销等无法支付的应付款项。

第四，教育费附加返还款。它是指自办职工子弟学校的企业，在缴纳教育费附加后，教育部门返还给企业的所办学校经费补贴数。

②营业外支出。营业外支出包括固定资产盘亏、报废、毁损和出售的净损

失,非季节性和非修理期间的停工损失,职工子弟学校经费和技工学校经费,非常损失,公益救济性捐赠,赔偿金、违约金等。

第一,固定资产盘亏、报废、毁损和出售的净损失。固定资产盘亏、毁损是指按照原价扣除累计折旧、过失人及保险公司赔款后的差额;固定资产报废是指清理报废的变价收入减去清理费用后与账面净值的差额。

第二,非季节性和非修理期间的停工损失。它是指相对于季节性和修理期间的停工损失计入制造费用,非季节性和非修理期间的停工损失计入营业外支出。

第三,职工子弟学校经费和技工学校经费。职工子弟学校经费是指企业按照国家规定自办的职工子弟学校支出大于收入的差额;技工学校经费是指根据国家规定,发生的自办技工学校的经费支出。

第四,非常损失。它是指自然灾害造成的各项资产净损失(扣除保险赔偿及残值),还包括由此造成的停工损失和善后清理费用。

第五,公益救济性捐赠。它是指国内重大救灾或慈善事业的救济性捐赠支出。

第六,赔偿金、违约金。它是指企业因未履行有关合同、协议而向其他单位支付的赔偿金、违约金等罚款性支出。

(5)净利润。净利润又称税后利润,是指企业利润总额减去所得税后的金额。其计算公式如下:

$$净利润 = 利润总额 - 所得税 \qquad (1-21)$$

2. 增加利润的途径

从利润总额构成可以看出,企业利润是销售量、单价、单位成本、期间费用、营业外收入等多个因素综合作用的结果。因而,增加利润的主要途径有以下几种。

(1)增加产量,提高质量,不断扩大销售。这是增加利润的根本途径。企业通过增加产量,提高产品质量,多生产适销对路的产品,充分地进行市场预测,扩大销售收入。

(2)挖掘潜力,降低成本。这是增加利润的重要途径。在扩大销售收入的前提下,成本费用的多少便是利润多少的决定因素。它们之间存在着此消彼长的关系。成本费用开支越大,利润越少;反之,成本费用开支越小,利润越多。

(3)合理运用资金,加速资金周转。这是增加利润的又一重要途径,即合理运用资金,使各种资金占有形态保持恰当的比例关系,加速资金周转。在资金占用总量不变的情况下,周转速度加快,销售收入增加,企业利润增加。

(三) 利润分配管理

利润分配是指企业实现的利润总额经调整后,按照有关规定上缴所得税,提取盈余公积金、公益金,向投资者分配利润等活动。企业利润是生产者剩余劳动所创造产品价值的一部分,利润分配的实质就是利用货币形式对这部分产品进行分配。利润分配是一项政策性很强的工作,必须按照国家制定的有关法律法规、制度进行,兼顾国家、企业、投资者和职工各方面的经济利益。

利润分配制度作为财务管理体制的重要组成部分,随着财务管理体制的调整变化,在我国经历了一个曲折的演变过程。利润分配制度的长期改革与实践证明:无论是以利代税、以税代利还是利税承包,任何形式的税利合一,都存在着弊端,不符合政企分开、经营权和所有权相分离的原则,"税利分流,税前还贷,按资分红"才是利润分配制度改革发展的方向。

1. 利润分配的一般程序

(1) 亏损的管理。企业一定时期的收入如果抵补不了支出,其差额表现为亏损。企业的亏损按性质不同可分为政策性亏损和经营性亏损两种。

①政策性亏损。政策性亏损是指企业因执行国家有关政策而发生的亏损。对于政策性亏损,经财政部门核定后,可实行定额补贴、亏损包干等办法,促使企业增产节约,增收节支,努力减少亏损。

②经营性亏损。经营性亏损是指企业因经营不善、管理混乱而造成的亏损。对于经营性亏损,原则上应由企业自行解决。根据《工业企业财务制度》的规定,企业发生的年度亏损,可以用下一年度的税前利润来弥补;下一年度不足弥补的,可以在5年内延续弥补;5年内不足弥补的,用税后利润弥补。

(2) 税后利润分配的管理。企业实现的利润总额,按照国家有关规定作相应调整后即为应纳税所得额,应纳税所得额乘以适用税率即为应纳所得税额,企业应依法缴纳所得税。除国家另有规定外,税后利润按下列顺序进行分配:

①弥补被没收的财物损失,违反税法规定支付的滞纳金和罚款。

②弥补企业以前年度亏损。

③提取法定盈余公积金。法定盈余公积金按照税后利润扣除前两项后的10%提取,盈余公积金已达注册资金50%时可不再提取。

④提取公益金。

⑤向投资者分配利润。企业以前年度未分配的利润,可以并入本年度向投

资者分配。

对税后利润分配进行管理，应注意以下几个问题。

第一，企业以前年度亏损未弥补完，不得提取盈余公积金、公益金。盈余公积金是指企业从税后利润中形成的公积金，包括法定盈余公积金和任意盈余公积金。法定盈余公积金是企业按照国家的有关规定，从税后利润中按规定比例提取的公积金。任意盈余公积金是企业出于经营管理的需要，根据董事会决定或公司章程自行决定，从当期税后利润中提取的公积金。

第二，在提取盈余公积金、公益金之后，方能向投资者分配利润。企业向投资者分配的利润由两部分组成：一是企业税后利润在按上述顺序分配后的剩余部分；二是企业以前年度未分配的利润。企业向投资者分配利润的方式，取决于企业的组织形式。

第三，股份有限公司利润分配的特殊性。股份有限公司税后利润在提取法定盈余公积金和公益金后，根据财务制度的规定，剩余利润按照下列顺序进行分配：①支付优先股股利。②提取任意盈余公积金。任意盈余公积金按照公司章程或者股东大会决议提取和使用。③支付普通股股利。上述规定表明，任意盈余公积金的提取，是在分配优先股股利之后，但在分配普通股股利之前；向投资者分配利润时，先向优先股股东分配，有剩余再向普通股股东分配。

2. 股利政策

股息和红利简称股利，它是股份公司从税后利润中分配给股东的部分，是股份公司对股东投入资本的一种回报。股利政策是指股份公司在确定股利及相关事项时所采取的方针和策略，它通常包括股利支付比率、股利支付方式、股利支付程序等内容。股利政策的核心是股利支付比率，它影响到股份公司股票在证券市场上的价格、筹资能力和积累能力。

（1）影响股利政策的因素。制定合理的股利政策，是股份公司利润分配管理的重要内容，也是一项难度较大的工作。股利政策是否合理，关系到企业的市场价值、再筹资能力以及将来的发展。影响股利政策的因素归纳起来主要有以下三个方面。

①法律因素。法律因素是指国家有关法律、法规中关于股利分配的规定。概括起来主要体现在以下两个方面：

一是资本保全要求。为了保护投资者的利益，要求支付股利的资金只能是公司的当期利润或保留盈余，即不能因为支付股利而减少资本总额。

二是资本积累要求。企业在股利分配时,要求遵循积累优先原则,必须先按一定的比例和基数提取各种公积金。

②股东因素。股利政策最终须经董事会决定并由股东大会审议通过,所以企业股东的意见和要求也是影响股利政策的重要因素。股东因素主要表现在以下三个方面:

一是控制权的稀释。控制权为少数股东所掌握的公司,如果股利支付比率过高,留存收益将相应减少,公司将来要发展势必会通过增发股票来筹集资金,从而可能导致控制权稀释或旁落他人。

二是避税。有的股东为减少股利的所得税支出,要求采用低股利政策,以期通过提高股票价格来获取更多的资本收益。

三是稳定的收入。有的股东依靠股利收入来维持生活,要求给予固定的股利收益。

③公司因素。公司因素是指企业的经营情况、财务状况等因素。主要表现在以下几个方面:

一是偿债要求。企业对外负债时,债权人为了降低债务风险,往往在贷款合同或企业债券上规定了企业支付股利的一些限制性条款。例如,规定每股股利的最高限额;规定企业的某些财务指标,如流动比率、利息保障倍数等达到安全标准才能支付股利;规定必须建立偿债基金后方能支付股利。

二是借债能力。如果企业借债能力强,在较短时间内就能筹措到所需的货币资金,即可采用高股利政策;反之,则应采用低股利政策。

三是资产的流动性。如果企业拥有大量的现金和流动资产,流动性较强,可以采用高股利政策;反之,则应采用低股利政策以降低财务风险。

四是资本成本。资本成本的高低是企业选择筹资方式的重要依据。与发行股票、债券、银行借款等筹资方式相比较,利用留存收益筹资具有资本成本低、隐蔽性强等优点。因此,如果企业发展需要大量资金,应采用低股利政策。

(2)股利政策的确定。

合理确定股利政策,就是在综合考虑上述影响因素的基础上,在各种类型的股利政策中做出正确的选择。股份公司采用的股利政策通常有以下几种类型。

①固定股利政策。在该政策下,不论企业经营情况好坏,每期支付的股利固定不变,只有当预期未来盈余会显著不可逆转地增长时,方提高每期股利的支付额。企业采用该政策的主要目的是避免出现因经营不善而削减股利,树立良好的财务形象。该政策的主要缺点是股利的支付与企业盈利脱节,当盈利较

低时仍要支付固定的股利，可能导致企业资金短缺、财务状况恶化。

②固定股利支付率政策。该政策亦称变动的股利政策，即企业每年按固定的比例从税后利润中支付股利。企业在各年间的利润是变动的，因而股利额也随之发生增减变动，这样就可以使股利的支付与企业盈利密切配合，体现多盈多分、少盈少分、不盈不分的原则。该政策不足之处是每年股利随企业盈利频繁变动，影响企业股票价格的稳定性，不利于树立企业良好的财务形象。

③正常股利加额外股利政策。在该政策下，企业除按固定数额向股东支付正常股利外，当企业盈利有较大幅度增加时，还需向股东增发一定数额的股利。

④剩余股利政策。在该政策下，企业如果有盈利，首先应考虑满足投资需要，只有在满足投资需要后有剩余，方用来支付股利。

（3）股利支付形式。股利支付形式，常见的有现金股利、股票股利、财产股利、负债股利、股票重购等。根据我国《股份有限公司规范意见》的规定，股份公司支付股利可采用现金和股票两种形式。

①现金股利。现金股利是指用货币资金支付的股利。它是股份公司支付股利所采用的最普遍、最基本的形式，也是投资者最愿意接受的一种形式。企业采用现金股利形式，必须同时具备以下两个条件：要有董事会决定并经股东大会讨论批准；企业要有足够的留存收益和现金。

②股票股利。股票股利是指企业经股东大会批准同意，以发行新股方式支付的股利。采用股票股利形式，对于企业来讲由于不必支付现金，有利于更好地满足生产经营活动对现金的需要。对股东而言，由于股票股利不是股东的应税所得，可以享受免缴个人所得税的好处，而股东需要现金时，又可将股票售出以换取现金。

第二章 企业财务管理与财务分析

第一节 财务分析简述

一、财务分析的含义

财务分析应包括企业一般的和具体的、整体的和部门的、内部的和外部的、目前的和未来的、价值的和非价值的各种与企业经营和投资的过去、现在和未来财务状况相关的分析内容。我们可以将财务分析的基本概念概括为:"财务分析是根据企业的经营、财务等各方面的资料,运用一定的分析方法和技术,有效地寻求企业的经营、财务状况变化的原因,正确地解答有关问题的过程。"财务分析的职能是"评价企业以往的经营业绩,衡量企业现在的财务状况,预测企业未来的发展趋势,为企业正确地经营、财务决策提供依据"。例如,为什么有时企业销售情况良好,但利润增长却十分缓慢;为什么企业利润状况不错,但现金流量却不理想;是什么原因造成企业的成本费用急剧上升,或负债比例持续居高不下,这些都要通过财务分析来进行解答。

二、财务分析的意义

财务分析对于企业各方面利益相关者具有重要意义,无论是企业的投资者、经营者还是债权人,都十分关心财务分析的结果。不同财务信息使用者所注重的财务分析的结论是不同的，所以他们对财务分析提出的要求也是有区别的，这就必然决定了企业财务分析对于不同的信息使用者具有不同的意义。

（一）从投资者角度看

一般来讲，投资者最注重企业的投资回报率水平，又十分关注企业的风险程度，不但要求了解企业的短期盈利能力，也要求考虑企业长期的发展潜力。所以企业财务分析对投资者具有十分重要的意义。它不但说明企业的财务目标是否最大限度地实现，也为投资者作继续投资、追加投资、转移投资、抽回投资等决策提供最重要的信息。如果是上市公司，作为投资者的股东，还要了解公司每年的股利的盈利和风险的分析信息，更要求能获得各期动态分析的信息，因为这对投资决策更有价值。

（二）从债权者角度看

债权人更多地关心企业的偿债能力，关心企业的资本结构和负债比例以及企业长短期负债的比例是否恰当。一般来讲，短期的债权人更多地注重企业各项流动比率所反映出来的短期偿债能力。而长期债权人则会更多地考虑企业的经营方针、投资方向、项目性质等所包含的企业潜在财务风险和偿债能力；同时，长期债权人也要求了解企业的长期经营方针和发展实力以及是否具有稳定的盈利水平，因为这是企业持续偿债能力的基本保证。所有这些都要通过全面的财务分析才能实现，并要提供具有针对性的财务指标及相关信息。

（三）从经营者角度看

财务分析信息对于提高企业内部经营管理水平、制定有效的内外部决策具有重要意义。企业外界的利益者对企业的影响是间接的，而企业经营管理部门能利用财务分析信息并将其马上应用于管理实务，对促进企业各级管理层管理水平的提高至关重要。因此，对应用企业内部管理财务分析信息的要求越具体和深入，越有助于企业的经营管理部门及时了解企业的经营规划和财务、成本等计划的完成情况，并通过分析各种主、客观原因，及时采取相应的措施，改善各个环节的管理工作。同时，财务分析信息也是企业内部总结工作业绩、考核各部门经营责任完成情况的重要依据。

（四）从政府角度看

对企业有监管职能的主要有工商、税务、财政、审计等政府部门，其也要通过定期了解企业的财务分析信息，把握和判断企业是否按期依法纳税、有无通过虚假财务报告来偷逃国家税款、各项税目的缴纳是否正确等。同时，国家为了维护市场竞争的正常秩序，必然会利用财务分析资料来监督和检查企业在整个经营过程中是否严格地遵循国家规定的各项经济政策、法规和有关制度。

三、财务分析的目的

财务分析的意义是外在的，是不同财务信息使用者所赋予它的。而财务分析的目的是内在的，是其本质所具有的。虽然不同人员所关心的问题不相同，对财务分析的要求和目的也必然会有差异，但归纳起来，财务分析的基本目的是从各个方面对企业进行一个总体的评价，而其他的作用实际上是一种派生的目标。因此，从评价的角度看，财务分析具有以下几项基本目的。

（一）对企业财务情况进行评价

财务分析应根据财务报表、成本文件等综合核算资料，对企业整体和各个方面的财务状况进行综合和细致的分析，并对企业的财务状况做出评价。财务分析应全面了解企业资产的流动性状态是否正常，再来说明企业长短期的偿债能力是否充分，从而评价企业的长短期财务风险与经营风险，为企业投资人和管理部门提供有用的决策信息。

（二）对企业资产管理水平进行评价

企业资产作为企业生产经营活动的经济资源，其管理效率的高低直接影响企业的盈利能力和偿债能力，也表明了企业综合经营管理水平的高低。财务分析应对企业资产的占用、配置、利用水平、周转状态、获利能力等进行全面且细致的分析，不能只看总体的管理水平，也要看相对的收益能力；不能只看现在的盈利状况，也要看其对企业长远发展的促进作用。

（三）对企业盈利能力进行评价

一个企业是否长期具有良好和持续的盈利能力是一个企业综合素质的基本表现。企业要生存和发展，就要求其必须能获得较高的利润，这样才能在激烈的竞争中立于不败之地。企业的投资者、债权人和经营者都十分关心企业的盈利能力，同时只有盈利能力强的企业才能保持良好的偿债能力。财务分析应从整体、部门和不同项目对企业盈利能力进行深入分析和全面评价，不但要看绝对数也应看相对数,不但要看目前的盈利水平,还要比较过去和预测未来的盈利水平。

(四) 对企业未来发展能力进行评价

无论是企业的投资人、债权者,还是企业管理部门,都十分关心企业的未来发展能力,因为这不但关系到企业的命运,也直接与他们的切身利益相关。只有通过全面、深入细致的财务分析,才能对企业未来的发展趋势进行正确的评价。在企业财务分析中,应根据企业偿债能力、盈利能力、资产管理质量、成本费用控制水平以及企业其他相关的财务和经营方面的各项资料,对企业中长期的经营前景进行合理的预测和正确的评价。这不但能为企业管理部门、投资人等的决策提供重要的依据,也能避免由于决策的失误而给企业造成重大损失。

第二节 财务分析的依据和方法

一、财务分析的依据

财务分析的依据也就是财务分析的基础,主要是指财务分析的各种资料来源。只有基础资料充分、正确和完整,并能有效地按不同的分析目的进行归类和整理,才能确保财务分析信息的真实、可靠,所以充分正确的财务资料是保证高质量财务分析的重要前提。财务分析基础资料主要有企业的基本财务报表、财务状况说明书、企业内部管理报表、上市公司披露的信息资料、外部评价报告、分析评价标准等。

财务分析需要从大量客观的财务数据中得出结论,主要依据是企业的各种财务报表,其中,最主要的是企业的资产负债表、利润表和现金流量表。

(一) 资产负债表

资产负债表是反映企业某一时日财务状况的会计报表,资产负债表可以看成企业的会计人员在某一特定时点上对企业会计实体的价值所做的一次统计。

资产负债表是一张静态报表，它反映的是报表日企业的财务状况。利用资产负债表的资料，可以分析评价企业资产的分布状况和资金的营运情况是否合理，分析和评价企业的资本结构是否正常。资产负债表分析主要能为我们提供资产的流动性和变现能力、长短期负债结构和偿债能力、权益资本组成和资本结构、企业潜在财务风险等信息。同时，该表为分析企业盈利能力和资产管理水平、评价企业经营业绩提供了依据。

（二）利润表

利润表是反映企业一定时期经营成果的会计报表，它是一张动态报表，反映了企业整个经营期的盈利或亏损情况。一般利润表分为四个部分，按照净利润的实现程序依次排列，主要是营业收入、营业利润、利润总额和税后净利润。利润表的最后一项是净利润，对于上市公司而言，净利润常常被表示成每股收益的形式，即每股的净利润是多少。

利润表可以为财务分析提供以下资料：反映公司财务成果实现和构成的情况，分析公司的盈利目标是否完成，评价其经营活动的绩效；与资产负债表有关项目比较，能计算企业所占与所得、成本费用与所得的比率关系，为投资者分析资本的获利能力、为债权人分析债务的安全性、为管理部门分析企业资产利用水平提供资料。

（三）现金流量表

现金流量表是反映企业一定时期现金流入、现金流出及现金增减变动原因的会计报表。现金流量表主要包括三大部分：企业经营活动产生的现金流量、企业投资活动产生的现金流量、企业筹资活动产生的现金流量，有时也会单列某些（如汇率变化）特殊事项引起的现金流量变动。

现金流量表能向财务分析者提供以下分析资料：反映企业各类现金流入和流出的具体构成，说明企业当前现金流量增减变化的原因，为评价企业现金流量状态是否合理、未来是否有良好的赚取现金的能力和偿还债务及支付股利的能力提供依据；同时，该表提供了本期损益与现金流量比较分析的相关资料，以及企业各类相关的理财活动的财务信息。

二、财务分析的方法

一般来说，财务分析通常包括定性分析和定量分析两种类型。定性分析是指报表分析主体根据自己的知识、经验以及对企业的经营活动、外部环境的了解程度所做出的非量化的分析和评价；定量分析则是指财务分析主体采用一定的数学方法和分析工具对有关指标所做出的量化分析。财务分析主体应根据分析的目的和要求，以定性分析为基础和前提，以定量分析为工具和手段，要透过数字看本质，正确地评价企业的财务状况和经营成果；定性分析更多要靠主观判断，因而应坚持以定量分析为主。

常用的定量分析方法有比较分析法、比率分析法、因素分析法等。

（一）比较分析法

财务的比较分析法是对两个或两个以上有关的可比数据进行对比，揭示差异和矛盾的一种分析方法。比较的标准如下：

①与本公司历史数据比，即不同时期指标相比，也称"趋势分析"。
②与同类公司比，即与行业平均数或竞争对手比较，也称"横向比较"。
③与计划预算比，即实际执行结果与计划指标比较，也称"预算差异分析"。

采用这种比较方式时，要注意指标之间的可比性，计算口径、计算基础和计算期限都应尽可能保持一致。

（二）比率分析法

在评价企业历史的盈利能力、偿债能力、现金保障能力及其未来变动趋势时，经常用到比率分析法。通过比率分析法能够反映出会计报表上数据之间的相互关系。这一方法，按照分析的对象不同可以分成三类。

（1）结构比率分析。结构分析，又称"比重比较分析"。它研究的是某一总体中，每一部分占总体结构的比重，用以观察和了解总体内容的构成和变化的影响程度，把握经济事项发展的规律。结构分析可运用于会计报表分析，有时也称"垂直分析"，如分析总资产的构成和总负债的构成及变化，也可以运用于利润表的利润总额分析。

（2）相关比率分析。将两个性质不同，但在财务活动中互相关联的指标进行对比，求出的比率即为相关比率。例如，销售利润率是将利润和企业实现的营业收入这两个性质不同但有联系的指标相比而得到的，它能反映企业营业收入的获利水平以及总体盈利的能力。因此，相关比率分析能使我们更深入地认识企业的财务状况。财务分析中运用的销售利润率、负债比率、总资产收益率、流动比率、速动比率等指标都是相关比率分析。

（3）趋势比率分析。趋势比率分析可以揭示出财务指标的变化及其发展趋势。它是对某项财务指标不同时期的数值进行对比，求出比率。趋势比率主要有两种形式，分别为定基动态比率和环比动态比率。

①定基动态比率分析是指基期标准或标准保持不变，将各期的实际数与其进行持续比较，来揭示经济事项变化规律和发展趋势的方法。其基本计算公式如下：

$$定基动态的比率 = \frac{报告期指标数值}{固定基期指标数值} \times 100\% \quad (2-1)$$

②环比动态比率分析是指持续地把某项经济指标的本期实际数与上一期实际数进行比较，不断计算相对于上一期的变动率，以了解该经济事项的连续变化趋势。其基本计算公式如下：

$$某产品原料总成本 = 产量 \times 单耗 \times 单价 \quad (2-2)$$

在进行趋势比率分析时应注意以下几个问题：一是既可以采用绝对数比较，也可以采用相对数比较；二是用于比较的不同时期的经济指标，在计算口径上应保持一致，以确保分析质量；三是要特别注意一些重大经济事项对不同期财务指标造成的影响。

（三）因素分析法

在企业经营活动过程中，各类财务指标具有高度的综合性，一个财务指标变动往往是由多种因素共同影响的结果。这些因素同方向或反方向地变动对财务指标有着重要的作用。因素分析法是从数值上测定各个相互联系的因素变动对有关财务指标影响程度的一种分析方法。

连环替代法是因素分析法的基本形式。它是根据财务指标构成和不同的分析目标，将各个因素标准连环地用分析值替代，计算出各因素变动对整个财务指标影响程度的方法。例如，某个财务指标是由 A、B、C 三个因素相乘得到，其标准指标 R_0 与实际指标 R_1 的关系如下：

$$R_0 = A_0 \times B_0 \times C_0 \quad (2-3)$$
$$R_1 = A_1 \times B_1 \times C_1 \quad (2-4)$$

实际与标准的总差异为 $R_1 - R_0$，这个总差异同时受 A、B、C 三个因素影响，分析方式如下：

A 因素变动对总差异的影响：$(A_1 - A_0) \times B_0 \times C_0$。

B 因素变动对总差异的影响：$A_1 \times (B_1 - B_0) \times C_0$。

C 因素变动对总差异的影响：$A_1 \times B_1 \times (C_1 - C_0)$。

三个因素的影响额总和必然等于总差异额。例如，企业某产品的原材料总成本是由产品产量、每件产品原料单耗和单位原料的单价三个因素综合决定的，其基本公式表述如下：

$$某产品原料总成本 = 产量 \times 单耗 \times 单价 \qquad (2-5)$$

例：某公司 2021 年 6 月生产某产品耗用 A 材料费用总额的资料如表 2-1 所示，要求对 A 材料费用总额进行因素分析。

表 2-1　某产品耗用 A 材料费用总额分析表

项目	计量单位	计划数	实际数	差异
耗用材料费用总额	万元	19 200	19 505.2	305.2
产量	万件	5 000	5 200	200
单位产品耗用材料量	千克/件	320	310	−10
材料单价	元/千克	0.012	0.012 1	0.000 1

耗用材料费用总额 = 产量 × 单位产品耗用材料量 × 材料单价
计划耗用材料费用总额：5 000 × 320 × 0.012=19 200（万元）。
替代产量：5 200 × 320 × 0.012=19 968（万元）。
产量变动对材料费用总额的影响：19 968 − 19 200=768（万元）。
单位产品耗用材料量变动对材料费用总额的影响：
（5 200 × 310 × 0.012）− 19 968=19 344 − 19 968=−624（万元）。
材料单价变动对材料费用总额的影响：
19 505.2 −（5 200 × 310 × 0.012）=19 505.2 − 19 344=161.2（万元）。
全部因素影响耗用材料费用总额：
768+（−624）+161.2=305.2（万元）。

从以上计算可知，产量增加使材料耗用费用总额增加 768 万元；单位产品材料耗用减少使材料耗用费用总额减少 624 万元；而材料单价上升使材料耗用费用总额增加 161.2 万元。在这些因素共同影响下，材料费用总额增加 305.2 万元。由此可见，企业要降低材料费用总额，主要途径是要降低材料采购成本。

我们在运用因素分析法时，要注意其顺序性和假定性。各因素变动替代的顺序不同，计算的各项影响额也不同。此外，在分析时，研究某因素变动的影响，是假设其他因素不变，因此分析结果具有假定性。

第三节 财务分析与评价

利用财务比率进行分析,虽然可以了解企业各个方面的财务状况,但却无法反映企业各方面财务状况之间的关系,因为每个财务分析指标都是从某一特定的角度对财务状况及经营成果进行分析,但都不足以用来评价企业的整体财务状况。为了弥补这方面的不足,在掌握了财务分析的内容和方法的基础上,本节介绍财务综合分析方法,它将企业的营运能力、偿债能力、盈利能力、发展能力等诸方面因素纳入一个网络之中,对企业经营状况进行全面、系统的剖析,找出可能的症结所在,为企业制定政策提供参考。

一、杜邦分析法

杜邦分析法是最先由美国杜邦公司采用的财务分析方法,故因此命名。它是利用几种主要的财务比率之间的关系来综合地分析企业财务状况的一种方法。其实杜邦分析法本身的原理是比较简单的,关键是这种思维方法告诉了我们基本的综合财务分析的原理和指标之间的关系是如何构成的,通过杜邦分析法可将以往的简单分析逐步引入到财务综合分析的领域。

(一)传统杜邦分析体系概述

在传统杜邦分析体系中,净资产收益率是一个综合性最强、最具代表性的指标,是杜邦分析体系的核心,该指标的高低取决于总资产净利率与权益乘数。其中,总资产净利率反映企业的经营能力;权益乘数即财务杠杆,反映企业的财务政策。

$$权益净利率 = 总资产净利率 \times 权益乘数$$
$$= 销售净利率 \times 总资产周转率 \times 权益乘数 \qquad (2-6)$$

权益乘数主要受资产负债率的影响。负债比率大,权益乘数就高,说明企业有较高的负债程度，给企业带来了较多的杠杆利益，也给企业带来了较多的风险。企业既要充分有效地利用全部资产，提高资产利用效率，又要妥善安排资本结构。

销售净利率是净利润与营业收入之比，它是反映企业盈利能力的重要指标。提高这一比率的途径有扩大营业收入、降低成本费用等。

资产周转率是营业收入与资产平均总额之比，是反映企业运用资产以产生营业收入能力的指标。对资产周转率的分析，除对资产构成部分从总占有量上是否合理进行分析外，还可通过对流动资产周转率、存货周转率、应收账款周转率等有关资产使用效率指标的分析，判明影响资金周转的主要问题所在。

（二）权益净利率的驱动因素分解

在具体运用杜邦体系进行分析时，一般采用因素分析法，根据净资产收益率与销售净利率、总资产周转率、权益乘数的关系，分别计算后三项指标变动时对净资产收益率的影响程度，还可以使用因素分析法进一步分解各个指标，分解的目的是识别引起变动（或产生差距）的原因，并衡量其重要性，通过与上年比较可以识别变动的趋势，通过与同业比较可以识别存在的差距，为后续分析指明方向。

下面以宏图公司权益净利率的比较和分解为例，说明其一般方法。为了简化计算，涉及平均数的指标均采用期末数代替平均数，如总资产周转率中的分母。

权益净利率的比较对象，可以是其他的同期数据，也可以是本企业的历史数据，这里仅以本企业的本年与上年的比较为例。

根据式（2-6），本年权益净利率：$4.533\% \times 1.5 \times 2.083\ 3 = 14.17\%$。

上年权益净利率：$5.614\% \times 1.696\ 4 \times 1.909\ 1 = 18.18\%$。

权益净利率变动：-4.01%。

与上年相比，股东的报酬率下降了，公司整体业绩不如上年。影响权益净利率变动的不利因素是销售净利率和总资产周转次数下降；有利因素是权益乘数的提高，权益乘数与资产负债率成正比，即财务杠杆提高。

利用连环替代法可以定量分析它们对权益净利率变动的影响程度：

上年权益净利率：$5.614\% \times 1.696\ 4 \times 1.909\ 1 = 18.18\%$。

替代销售净利率：$4.533\% \times 1.696\ 4 \times 1.909\ 1 = 14.68\%$。

替代总资产周转次数：$4.533\% \times 1.5 \times 1.909\ 1 = 12.98\%$。

替代权益乘数：4.533%×1.5×2.083 3=14.17%。

销售净利率变动影响：14.68%－18.18%=－3.5%。

总资产周转次数变动的影响：12.98%－14.68%=－1.7%。

权益乘数变动的影响：14.68%－13.49%=1.19%。

全部因素影响额合计：－3.5%+（－1.7%）+1.19%=－4.01%。

销售净利率下降，使权益净利率下降3.5%；总资产周转次数下降，使权益净利率下降1.7%；权益乘数上升，使权益净利率上升1.19%。三者共同作用使权益净利率下降4.01%，其中销售净利率下降是主要原因。

在杜邦财务分析体系中，各项财务比率在每个层次上与本企业历史或同行业的财务比率比较，比较之后再向下一级分解。这样逐级向下分解，就能逐步覆盖企业经营活动的每一个环节。

第一层次的分解，是把净资产收益率分解为资产净利率和权益乘数。第二层次的分解，是把资产净利率分解为营业净利率和总资产周转率。营业净利率、总资产周转率和权益乘数这三个比率在各企业之间可能存在显著差异。通过对差异的比较，可以观察本企业与其他企业的经营战略和财务政策有什么不同。分解出来的营业净利率和总资产周转率，可以反映企业的经营战略。一些企业营业净利率较高，而总资产周转率较低；另一些企业与之相反，总资产周转率较高，而营业净利率较低。两者经常呈反方向变化，并且这种现象不是偶然的。为了提高营业净利率，就要增加产品的附加值，往往需要增加投资，引起周转率的下降；与此相反，为了加快周转，就要降低价格，就会引起营业净利率下降。通常，营业净利率较高的制造业，其周转率都较低；周转率很高的零售商业，营业净利率很低。正因为如此，仅从营业净利率的高低并不能看出业绩好坏，把它与总资产周转率联系起来可以考察企业经营战略。

分解出来的财务杠杆可以反映企业的财务政策。在总资产净利率不变的情况下，提高财务杠杆可以提高净资产收益率，但同时也会增加财务风险。一般来说，总资产净利率较高的企业，财务杠杆较低，反之亦然。这种现象也不是偶然的。这就是说，为了提高流动性，只能降低营利性。因此，我们实际看到的是，经营风险低的企业可以得到较多的贷款，其财务杠杆较高；经营风险高的企业，只能得到较少的贷款，其财务杠杆较低。总资产净利率与财务杠杆呈现负相关，共同决定了企业的净资产收益率。

影响净资产收益率的因素关系到企业的经营战略和财务政策，因此，企业必须使其经营战略和财务政策相匹配。

（三）传统杜邦分析体系的局限性

1. 计算总资产利润率的"总资产"与"净利润"不匹配

首先被质疑的是总资产净利率的计算公式。总资产是全部资产提供者享有的权利，而净利润是专门属于股东的，两者不匹配。由于总资产净利率的"投入与产出"不匹配，该指标不能反映实际的回报率。为了改善该比率的配比，要重新调整其分子和分母。因此，需要计量股东和有息负债债权人投入的资本，并且计量这些资本产生的收益，两者相除才是合乎逻辑的总资产报酬率，才能准确反映企业的基础盈利能力。

2. 没有区分经营活动损益和金融活动损益

传统杜邦分析体系没有区分经营活动和金融活动。对于多数企业来说，金融活动是净筹资，它们在金融市场上主要是筹资，而不是投资。筹资活动没有产生净利润，而是支出净费用。这种筹资费用是否属于经营活动的费用，即使在会计规范的制定中也存在争议。从财务管理的基本理念看，企业的金融资产是投资活动的剩余，应将其从经营资产中剔除。与此相适应，金融费用也应从经营收益中剔除，才能使经营资产和经营收益匹配。因此，正确计量基础盈利能力的前提是区分经营资产和金融资产，区分经营损益与金融损益。

3. 没有区分有息负债和无息负债

既然把金融活动分离出来单独考察，就会涉及单独计量筹资活动的成本。负债的成本（利息支出）仅仅是有息负债的成本。因此，必须区分有息负债与无息负债。这样利息与有息负债相除，才是实际的平均利息率。此外，区分有息负债与无息负债后，有息负债与股东权益相除，可以得到更符合实际的财务杠杆。无息负债没有固定成本，本来就没有杠杆作用，将其计入财务杠杆，会歪曲杠杆的实际作用。

针对上述问题，人们对传统的财务分析体系进行了一系列的改进，逐步形成了一个新的分析体系，称为改进的杜邦分析体系。改进的部分有：①区分经营资产和金融资产；②区分经营负债和金融负债；③区分经营活动损益和金融活动损益；④经营活动损益内部进一步区分主要经营利润、其他营业利润和营业外收支；⑤区分经营利润所得税和利息费用所得税。

改进的杜邦分析体系的核心指标仍然是权益净利率，但权益净利率的高低取决于税后经营利润率、净经营资产周转次数、税后利息率和净财务杠杆四个驱动因素。

对改进的杜邦分析体系中的主要指标的关系，用公式表示如下：

权益净利率 = 净经营资产利润率 + 杠杆贡献率

= 税后经营利润率 × 净经营资产周转次数 + 经营差异率 × 净财务杠杆

= 税后经营利润率 × 净经营资产周转次数 +（税后经营利润率 × 净经营资产周转次数 - 税后利息率）× 净财务杠杆

(2-7)

二、沃尔比重评分法

沃尔比重评分法是除杜邦财务分析体系之外，另外一个应用比较广泛的财务分析综合方法。

人们进行财务分析时遇到的一个主要困难就是计算出财务比率之后，无法判断它是偏高还是偏低。与本企业的历史比较，也只能看出自身的变化，却难以评价其在市场竞争中的优劣地位。为了弥补这些缺陷，亚历山大·沃尔在其于20世纪初出版的《信用晴雨表研究》《财务报表比率分析》等著作中提出了"信用能力指数"概念，将流动比率、产权比率、固定资产比率、存货周转率、应收账款周转率、固定资产周转率、自有资金周转率等七项财务比率用线性关系结合起来，并分别给定各自的分数比重，然后通过与标准比率进行比较，确定各项指标的得分及总体指标的累计分数，从而对企业的信用水平进行评价。

（一）沃尔评分法的步骤

运用沃尔评分法进行企业财务状况综合分析，一般要遵循如下程序：

（1）选定评价企业财务状况的财务比率。通常选择能够说明问题的重要指标。在选择指标时，一要具有全面性，要求反映企业偿债能力、盈利能力、营运能力和发展能力的三大类财务比率都应当包括在内。二要具有代表性，即要选择能够说明问题的重要财务比率。三要具有变化方向的一致性，即当财务比率增大时，表示财务状况的改善；当财务比率减小时，表示财务状况的恶化。

（2）根据各项财务指标的重要程度，确定其标准评分值（重要性系数）。各项财务比率的标准评分之和应等于100分。各项财务比率评分值的确定是财务比率综合评分法的一个重要问题，它直接影响对企业财务状况的评分多少。现代社会与沃尔的时代相比已经有了很大变化，对各项财务比率的重视程度不同，就会产生截然不同的态度。另外，确定具体评分标准时还应结合企业经营活动的性质、企业生产经营的规模、分析者的分析目的等因素。

（3）确定各项财务比率评分值的上限和下限，即最高评分值和最低评分值。这主要是为了避免个别财务比率的异常值给总评分造成不合理的影响。

（4）确定各项财务比率的标准值。财务比率指标的标准值是指本企业现时条件下财务比率的最理想数值，即最优值。

（5）计算企业在一定时期内各项财务比率的实际值。

（6）求出各指标实际值与标准值的比率，称为关系比率或相对比率。

（7）计算各项财务比率的实际得分。各项财务比率的实际得分是关系比率和标准评分值的乘积。每项财务比率的得分都不得超过上限或下限，所有各项财务比率实际得分的合计数就是企业财务状况的综合得分。企业财务状况的综合得分就反映了企业综合财务状况是否良好。如果综合得分等于或接近100分，说明企业的财务状况是良好的；如果综合得分低于100分很多，就说明企业的财务状况很差，应当采取适当的措施加以改善。

（二）对沃尔评分法的评价

沃尔比重评分法是评价企业总体财务状况的一种比较可取的方法，这一方法的关键在于指标的决定、权重的分配、标准值的确定等。原始意义上的沃尔比重评分法存在两个缺陷：一是从理论上讲，未能证明为什么要选择这七项指标，而不是更多或更少些，或者选择别的财务比率，也未能证明每个指标所占比重的合理性，所选定的七项指标缺乏证明力；二是从技术上讲，某一指标严重异常时，会对总评分产生不合逻辑的重大影响。

这个欠缺是由财务比率与其比重相乘引起的，财务比率提高一倍，评分增加100%，而缩小1/2，其评分只减少50%。而且，现代社会与沃尔所处的时代相比，已经发生了很大的变化，沃尔最初提出的七项指标已经难以完全适应当前企业评价的需要。现在通常认为，在选择指标时，偿债能力、营运能力、盈利能力和发展能力指标均应当选到，除此之外还应当适当选取一些非财务指标作为参考。

三、雷达图法

雷达图法通常是将获利性、安全性、流动性、生产性、成长性五类财务评价比率列示在形状如雷达图的图纸上，据以评价企业财务活动状况优劣的一种方法。其制作过程是：

首先，画出三个同心圆。最小的代表最低水平，或者同行业平均水平的 2/3；中间圆代表同行业平均水平，又称作标准线；最大圆代表同行业先进水平，或者同行业平均水平的 1.5 倍。

其次，从圆心开始，以放射线的形式分别标出各大类的财务比率。

最后，将企业同期的相应指标值点用线在图上连接，连接相邻点，形成折线闭环，构成雷达图。

就雷达图上折线闭环形式看，当"五性"比率都处在标准线外接近最大圆时，为稳定理想型，表明企业的经营素质好，可采取积极推进政策；当"五性"比率都处在标准线内侧时，为均衡缩小型，表明企业财务状况极差。雷达图上折线闭环的形式大体可分为以下六种类型。

（一）稳定理想型

稳定理想型是在雷达图中"五性"比率均为"+"号。如果企业处于这种状况，可以大规模地进行设备投资，研究开发新产品，扩大企业规模，以充分利用这一发展良机，使企业在各个方面都上一个新的台阶。

（二）保守型

保守型是在雷达图中收益、安全、流动"五性"比率为"+"号，生产和成长二性比率为"-"号。一般情况下，老企业易出现这种状况。这种状况下，企业应采取注意市场动向、探讨销售策略、开发新产品、开拓新市场等措施。

（三）成长型

成长型是在雷达图上除安全性比率表现为"-"号外，其余均为"+"号。这是新建企业或处于恢复期的企业，在企业财务状况不能适应企业快速发展的情况下常出现的状态。

（四）积极扩大型

积极扩大型是在雷达图中安全、生产、成长等三性比率表现为"+"号，而收益和流动二性比率表现为"-"号。这是企业开始扩大经营范围或开发新产品时常出现的状态。

(五) 消极安全型

消极安全型是雷达图中除安全性比率为"+"号外,其余均为"-"号。一个企业如果财务雄厚,但消极经营,就容易陷入这种经营状态。

(六) 均衡缩小型

均衡缩小型是在雷达图中的"五性"比率均表现为"-"号,即企业的经营比率均低于标准区(线),企业处于岌岌可危的境地。这时,企业面临全面整顿和改善的任务。处于这种状态的企业应探讨有无改善的余地,要研究企业外部因素,确定企业未来前途,设法使企业向成长型发展。否则,就应考虑关停并转。

四、Z 计分模型

激烈的竞争不可能使所有的企业都能顺利成长,在市场经济自由竞争的条件下,没有哪个企业能够避开优胜劣汰的竞争法则。那些在竞争中失败的企业必然被淘汰出局。对于有可能破产的企业,我们可以及早制定对策,防患于未然。为此,国外的一些研究者着手开发破产预测模型,最著名的是美国纽约大学的爱德华·阿尔特曼的 Z 计分模型。

1968 年,阿尔特曼采用了反映企业财务状况的几个财务比率指标,结合统计学中的多元判别分析技术(Multiple Discriminate Analysis, MDA),最先构造了 Z 计分模型。他选择了 66 家企业作为原始样本,分为破产企业和非破产企业两组,每组各 33 个企业。第一组的破产企业来自 1946 年到 1965 年,根据美国破产法第十章规定申请破产的制造业企业;第二组是不分行业、不分规模任意选择的制造业企业,这些企业到 1966 年仍然存在。分组以后,又收集了它们的资产负债表、利润表等财务报表,并进一步整理了认为对评价有用的 22 个财务比率,把这些比率按流动性、收益性、稳定性、支付性、活动比率的内容进行了分类。然后,从中选择了用于破产预测的 5 个变量,并完成了如下过程,建立起 Z 计分模型:①观察各种代替函数的统计有用性,以弄清各独立变量的相对作用;②分析有关变量的相互依存关系;③观察各变量判别力的正确性;④建立综合判别函数;⑤对模型进行统计学上和经验上的检验。

模型建立后,又经过了统计学上和 6 项经验上的检验。检验的结果表明,该模型在预测企业破产时,具有较高的准确性。从企业破产前一年的指标情况看，对破产组企业的分类正确率为94%，对非破产组的分类正确率为97%，全部样本分类的正确率为95%；从企业破产前两年的指标情况看，对破产组分类的正确率为72%，对非破产组分类的正确率为94%，全部样本分类的正确率为83%。

然而对破产企业前五年指标的资料进行检验后发现，从前一年到前五年的正确率分别为95%、72%、48%、29%、36%，说明此模型长期预测的信赖度很低，只对两年内的预测准确性较高。

继阿尔特曼之后，理查德·托夫勒和霍华德·蒂斯哈在20世纪70年代进一步发展和完善了Z计分模型。其中，理查德·托夫勒的模型将预测企业破产的准确性提高到97.6%。Z计分模型迅速在世界范围内得到了广泛运用，不管模型用何称谓，其做法基本都沿用了阿尔特曼的分析方法。

尽管Z计分模型的开发是为了通过判别分析发现破产临界值，预测企业破产的可能性，但是由于模型中采用的指标全部是财务比率，模型自开发出来以后，实际上被用作对公司财务状况的综合评价。

Z计分模型将公司的财务比率分析与统计上的MDA技术完美地结合起来，消除了单项比率分析的弱点，使变量多元化，将财务状况多方面的信息科学地综合起来，成为企业综合评价财务状况的一个非常有力的工具。

第三章 基于现代企业财务制度的财务创新与发展

第一节 企业融资管理与创新

随着我国经济的快速发展,再加上消费市场的不断扩大,企业之间的市场竞争愈演愈烈,而企业想要在这"如火如荼"的市场竞争中脱颖而出,就要科学合理地融入外部资金,这样才能够更好地突破企业的发展瓶颈,从而能够抓住发展的机遇,保证企业的良性发展。在企业的融资活动中,财务管理工作有着至关重要的作用,这就需要现代企业重视财务部门在融资过程中的关键作用,充分发挥财务管理的作用。

一、企业融资过程中财务管理风险及把控措施

(一)企业融资过程中出现的主要风险

1. 资金风险

现如今有很多企业没有重视财务管理工作的效益以及成本理念,这就导致企业的融资方案存在很大的问题,容易出现资金风险。并且,没有对融入资金进行明确规定,也缺乏有效的定额管理,其成本核算工作也十分模糊,这造成

企业没有精细化地管理融入资金，导致出现超额采办、无计划的非必要采购等诸多问题，这就白白地浪费了企业的资金，而当其需要使用资金时，就会出现苦无资金的现象。

2. 决策风险

由于企业自身发展的需求，需要获取外部资金获得更大的发展，就会开展融资评估以及决策活动。大部分企业制订融资决策基本上都是企业的管理与投资部门商讨有关融资的具体事项，然后结合企业发展的实际需求制订相应的融资计划，再经过企业管理人员制订融资方案，经过协商后确定最终的执行方案，而这样的过程中，却没有财务部门的参与，这就导致融资方案没有科学性和客观性，存在着严重的决策风险。

3. 监督风险

企业开展融资活动，会涉及企业的各个部门以及每个团体的利益，而企业的高层管理人员往往会对企业的融资决策带来极大的影响。现如今有很多企业没有明确高层管理人员的具体责任，这就造成有些企业的高层管理人员为了个人利益，往往会模糊融资的规模。并且，企业对融入的资金也缺乏监督，出现私自挪用或者是资金闲置的问题，这不仅白白地浪费了大量的资金，还会对企业的发展造成极大的不良影响。

（二）控制企业融资财务管理风险的具体措施

1. 增强企业财务部门在融资过程中的独立决策作用

现代企业在开展融资活动时，需要重视财务部门在决策中的作用，才能够充分发挥财务部门的作用。这就需要企业能够提升财务部门独立决策能力，使其可以更好地对企业进行综合评估，这样就可以根据当前的货币政策以及财政政策，对企业自身的资本结构有效地进行优化，并根据企业的未来发展战略，对企业的未来发展目标有更加清晰明确的判断。这样就能够围绕着企业的未来发展战略，制定更加科学合理的决策，确定最合适的融资规模，并找到更加合理的融资途径，有效地防止因为融资不当出现资金断裂，从而保证企业的良性发展。

2. 加强成本效益的理念

企业财务部门工作人员在融资活动过程中开展财务管理工作时，要能够充分把握企业内部的应收账款、存量资金等各种因素，切实掌握企业在未来发展过程中所需要资金的空间差以及时间差，这样就能够更加准确地对企业融资的规模进行预测。同时，财务管理人员还要充分地发挥现代信息技术的作用，切实地对融资过程中也许会遇到的各种风险进行有效评估，这样就能够提前做好风险的控制，从而可以找到更好的融资途径，这样不仅能够获取企业在未来所需要的资金，还可以有效地降低成本、避免出现任何风险。并且，在企业获得了融入资金之后，还要对资金开展良好的日常管理工作，增强资金流动以及周转的水平，最大限度地对企业的资金进行利用，避免出现资金使用不当的问题。

3. 完善监督约束的功能

在融资过程中，有部分企业的负责人会为了个人利益干涉融资决策，甚至有些高层管理人员徇私舞弊，这就需要企业能够对财务管理工作的监督约束功能进行有效的完善，这样才能够有效地杜绝这种问题的发生。首先，企业要对融资的信息合理地进行公开，要使融资的过程更加清晰透明，切实地落实责权机制。其次，企业要积极地鼓励员工参与到企业融资决策之中，切实地弱化企业负责人的干扰，保证融资过程更加科学和民主，切实地保证企业融资活动的有序进行。最后，企业要制订合理的资金使用计划，要将每一分钱都用到"刀刃"上，避免出现资金闲置的问题，才能够保证企业的良性发展。

二、企业融资结构对技术创新的影响探究

（一）企业融资结构下的背景和意义

1. 企业融资结构的背景

资本市场对金融运行产生的影响很大，一直以来，国家都十分重视金融行业的发展，鼓励企业要大力发展直接融资，致力于提高企业直接融资在融资结构中所占的比重。现阶段，促进国家经济高质量发展和实现经济高速增长都需要企业加速调整发展形势和优化企业的经济结构，很多全国性的金融机构分析会议都明确指出直接融资对企业融资结构发展完善的重要性，这使更多的机构和企业深刻认识到大力发展直接融资对推动企业的技术创新和国家创新驱动战略发展的作用，为我国的金融市场融资结构优化提供了一定的理论指导依据。

企业的直接融资有利于调整企业的整体融资结构，使其能够更好地适应社会经济的发展形势，同时能够激励企业积极进行技术创新，推动企业开展技术

创新活动。在创新驱动发展的时代背景下，企业必须积极推动融资结构转型，从而优化企业的融资结构，进而为企业技术创新的发展带来积极的影响。完善企业的金融功能能够提升企业的创新效率，如果企业的融资情况良好，还能为技术创新提供更多的资金支持，同时能够解决技术创新发展的融资难题。

2. 企业融资结构的意义

上市公司非常注重企业融资结构对技术创新的影响，其经营管理、利润提升和技术创新都会受企业内源融资、股权融资、债权融资和资产证券化的影响。对企业融资结构和技术创新决策进行分析后发现，直接融资能够作为企业的创新资本投入，企业管理者根据融资结构对企业融资方式和融资途径进行调整，能够缓解企业融资难、创新难的局面，从而为企业的融资结构调整和技术创新活动开展奠定坚实的基础。

（二）创新理论的概念以及融资结构内涵

1. 创新理论的概念

20世纪初期，经济学家约瑟夫·熊彼特提出"创新理论"的概念。该观点强调：创新是一个将具有差异性的生产资料用和以往不一样的手段转变成从未出现过的产品的过程。

2. 融资结构的内涵

企业在经营管理过程中对资金支持的需要就是融资的一般内涵，在企业生产经营活动中，企业通过从内部途径或者外部途径这两种方式获取资金为企业生产经营活动提供支持。本书主要分析企业应该如何通过转变融资结构来获取开展技术创新活动的资金支持，对企业来说，所有资金的获得方式在融资结构中所占的比例大小都会对企业的发展和技术创新产生影响。因为企业获得融资的来源渠道不同，人们将企业自身内部的资金积累称为内源融资，将从外界获得的贷款、股权融资称为企业的外源融资。

（三）融资结构影响企业创新投入的理论基础

企业融资结构对技术创新影响很大，对企业的融资结构和技术创新进行分析，可以为企业的融资决策和技术创新投入发展指明方向。企业可以根据自身利益和企业价值需要，结合当前的市场环境分析选择最优的融资方式，从而促进技术创新的发展。

1. 技术创新理论

（1）新熊彼特学派。企业能够持续、不间断地改善从前旧的生产技术，创造出和以往不相同的产品，这一过程是技术创新的基本解释。新熊彼特学派的经济发展研究专家们认为，技术创新的发展能够推动社会的经济增长，对社会金融环境的良好发展有很大益处。

（2）新古典学派。新古典学派的学者们将技术创新看作是企业和社会经济发展的关键，能够为企业的发展和利润带来积极影响。该学派还倡议政府出台相应的优惠政策，对企业的技术创新开展活动提供坚实的基础，鼓励企业积极提升创新能力。

（3）国家创新系统学派。企业的技术创新发展离不开国家创新驱动发展战略的支持，单个企业的技术创新往往很难进行，我国政府应该合理配置资源，节约使用资源，充分发挥政府"看得见的手"的积极作用，鼓励企业积极进行对技术创新工作的探讨，增强企业技术创新研究的信心，这是国家创新系统学派推崇的理论观念。

（4）制度创新学派。制度创新学派的学者们认为，企业创新除了要促进技术创新，还要注重企业制度创新，而制度创新是指企业的管理方法和组织框架要进行创新。企业激励政策的实施有利于提升企业的创新能力。

2. 融资结构相关理论

（1）MM理论（由美国经济学家莫迪格利安尼和米勒所建立的资本结构模型的简称）。MM理论的提出没有考虑企业的经营所得税、企业的经营风险和融资结构的不同，仅表明企业的市场价值与融资结构无关。这个理论不符合实际，其表明在无摩擦的市场条件下，企业融资结构对企业技术创新不会产生任何影响。

（2）权衡理论。在分析企业财务风险融资结构对技术创新的影响时，权衡理论认为债务会给企业带来很多风险，主张企业对财务风险、代理风险和破产风险进行全面详细的分析。权衡理论强调企业债权融资所承担的费用、风险与税费之间的相互平衡。权衡理论符合企业发展的实际，能够完善企业的融资结构，但在实际应用过程中要注意其他因素对融资结构和技术创新的影响，要不断总结经验对理论知识进行完善。

（3）代理成本理论。一般情况下，企业为了能够获得更多的经济利益，会选择风险较大但收益较高的融资活动，但是对企业的债权人来说，为了资金的安全会选择投资风险小的经营活动,为了保障债务人企业能够按时偿还资金,在债权融资时会提高贷款利息和增加资金使用的限制条件。当企业和债权人的边际代理成本相同时,企业的融资结构就达到了最优状态。

(4)融资优序理论。当企业的内部信息和外部信息不一致时,企业通过发行股票进行股权融资的难度会有所增加。投资者认为企业分散股权是因为股权利润降低,企业当前的发展经营状况并不好,因此不愿意持有企业股票,这增加了企业股权融资的难度。

(四)内源融资与企业创新

内源融资是企业融资的重要渠道,在研究企业的融资方式时,很多国内外的学者都会选择从内源融资开始进行融资结构的研究,企业内部资金能够很好地促进企业的技术创新发展。通过对中小型企业和高新技术企业的融资结构数据进行分析发现,一般情况下,中小型企业因为内部资金有限和企业规模较小,很难从经济市场上获取足够的融资金额支持企业的技术创新活动,所以中小型企业更加倾向于使用内部融资进行研发创新。高新技术企业拥有丰厚的企业内部资金资本,更容易在金融市场上获得融资支持,但是高新技术企业的技术创新活动往往需要更加雄厚的资金支持,所以高新技术企业将内部资金作为企业技术创新活动开展的重要部分。根据国内外各种不同规模的企业融资结构数据分析,企业内源融资对企业的技术创新发展有重要的正面影响,其提供的充足的内部资金支持能够增强企业的创新信心,是企业融资资金的主要来源方式之一。因此企业可以通过适当地调整企业内源融资在融资结构中的占比,推动技术创新的持续发展。

(五)外源融资与企业创新

1.债权融资

债权融资是外源融资的重要方式。国外很多经济学家在对债权融资与企业创新的关系进行研究后,都表示通过债权融资方式获取的融资与企业的技术创新资金投入成反比。国内各种不同类型的企业融资结构都表明债权融资方式对企业技术创新发展有负面影响,债权融资在融资结构中占的比重较大时反而会抑制企业技术创新的发展。

2.股权融资

股权融资是外源融资的另一种融资方式。企业选择股权融资会给企业的技术创新投入带来积极影响,一些小型高新技术产业在对企业技术创新投入时往往会倾向于选择股权融资的方式,股权融资是大规模高新技术企业进行融资和企业技术创新的主要途径。股权融资也会对企业的技术创新产生一定的抑制作用。

不同融资渠道对企业技术创新的影响并不一致,学者们对企业的融资情况和技术创新投入的分析忽略了企业的规模及创立时长,因而导致理论难以进行实际应用。所以,分析企业融资结构对技术创新的影响时,应该针对不同的企业样本进行探究,分析不同类型公司的融资结构对技术创新影响的差异。

(六)融资结构对企业技术创新投入影响的分解分析

企业融资结构对技术创新的总体影响可以借助半参数估计进行分析,但是半参数估计显示的数据并不能明确地对融资方式进行探究。为了更加深入地了解企业的金融化程度对技术创新的影响,需要对企业的融资结构进行分解分析。企业的技术创新发展不仅需要大量的资金支持,还需要招聘大量的科技研究人员,所以,企业的技术创新发展需要投入大量的资金。如果企业没有足够的资金支持技术创新的研发,那么企业的技术创新研究就会被中断,由此可见,充足的研发经费是企业技术创新发展的重要影响因素。

企业一般通过两种途径获得技术创新研发的资金,一种是企业内部拥有企业经营的利润收入和公积金,另一种是外部通过贷款和融资获得的外来资金。其中,企业通过使用自己内部的资金作为企业技术创新的研发资金,能够有效降低资金风险。企业内部资金具有较强的自主性和独立性,资金的获得成本低,能够有效抵抗风险。但是,企业内部资金常常会受市场和企业利润的影响,难以适应变化多端的市场环境,而且内部资金的融资速度慢,选择内部资金投入企业技术创新的研究会使企业无法很好地把握市场发展的良好机会。因此在选择内部资金作为企业技术创新投入时也不能忽略企业外来资金的重要性,为此需要时刻关注市场和企业的经营状况,从而不断调整企业的融资结构。

企业的经营管理者在进行融资决策时经常会受各种融资条件和融资方式的制约,融资成本和企业利益价值也会对经营者的决策判断产生影响。企业经营者面对不同的融资方式对融资资金的使用也会有所不同,当企业以贷款的方式进行融资时,受贷款时间长短限制,企业为保证能够及时归还贷款,一般会选择将资金用于风险较低和能够快速收回款项的经营活动,因为企业的技术创新开发活动创新周期长,风险较高,不确定因素较多,所以一般企业的经营者不倾向于将贷款资金用于企业技术创新的研发。外源融资的资金支配会受资金投资者的条件限制,因此一般情况下企业的经营者倾向于选择企业的利润作为技术创新的资金投入,这就是企业融资结构对技术创新的具体影响表现。

第二节 企业投资管理与创新

一、证券投资

(一)证券及其种类

证券是指用以证明或设定权利的书面凭证,代表持有人所拥有的财产所有权、债权等特定权益,可随时变现。证券按不同分类标准可进行以下划分:

其一,按证券发行主体,可分为政府证券、金融证券和公司证券。其中,政府证券是指中央政府或地方政府为筹集资金而发行的证券;金融证券是指银行或其他金融机构为筹措资金而发行的证券;公司证券,又称企业证券,是指工商企业为筹集资金而发行的证券。一般而言,公司证券风险较大,金融证券次之,政府证券风险较小。

其二,按证券期限,可分为短期证券和长期证券。其中,短期证券是指期限在一年以内的证券,如一年期国库券、商业票据、银行承兑汇票等;长期证券是指期限长于一年的证券,如股票、债券等。一般而言,短期证券风险小,变现能力强,但收益率相对较低;长期证券的收益率较高,但时间长、风险大。

其三,按证券的收益状况,可分为固定收益证券和变动收益证券。其中,固定收益证券是指在证券票面上规定有固定收益率的证券,如债券票面上一般有固定利息率,优先股一般也有固定股息率,这些都属于固定收益证券;变动收益证券是指证券的票面上不标明固定的收益率,其收益情况随企业经营状况的变动而变动的证券,最典型的如普通股。固定收益证券风险较小,但报酬不高;而变动收益证券风险较大,但报酬较高。

其四，按证券体现的权益关系，可分为所有权证券和债权证券。其中，所有权证券是指证券持有人是证券发行单位的所有者的证券。这种证券的持有人一般对发行单位有一定的管理和控制权。股票是典型的所有权证券，股东便是发行企业的所有者。债权证券是指证券持有人是发行单位的债权人的证券。当发行单位破产时，债权证券要优先清偿，而所有权证券要在最后清偿。

（二）证券投资的目的及特点

证券投资是指投资者将资金投资于股票、债券、基金、衍生金融证券等资产，从而获取收益的一种投资行为。

1. 证券投资的目的

（1）盘活多余资金，获取证券收益。处于成长期或扩张期的企业，出于保持一定现金余额及应付急用目的，资金往往不会一次用完。企业可将暂时闲置的资金投资于有价证券，以获得一定的收益。

（2）满足季节性经营对现金的需求。在资金有剩余的月份可以投资证券，而在资金短缺的季节可将证券变现。

（3）满足未来的财务需求。企业根据未来对资金的需求，可将现金投资于期限和流动性较为恰当的证券，在满足未来需求的同时获得证券带来的收益。

（4）分散企业风险。证券投资是企业实现投资多元化、分散企业整体风险的一种有效方式。

（5）获得对相关企业的控制权。通过证券投资可实现对上游企业、下游企业和竞争对手的控制，符合企业的发展战略。

2. 证券投资的特点

与实物投资相比，证券投资的特点是：

（1）流动性强。证券资产的流动性明显高于实物资产。

（2）价格不稳定。证券资产相对于实物资产来说，受人为因素影响较大，且没有相应的实物作保证，其价值受政治、经济环境等各种因素的影响较大，具有价值不稳定、投资风险较大的特点。

（3）交易成本低。证券交易过程快速、简捷，成本较低。

(三)证券投资的种类及程序

1. 证券投资的种类

金融市场上可供企业投资的证券具体分为以下几类:

(1)债券投资,是指投资者购买债券以取得资金收益的一种投资活动。

(2)股票投资,是指投资者将资金投向股票,通过股票的买卖和收取股利以获得收益的投资行为。

(3)基金投资,指投资者通过投资基金股份、基金债券等来获取收益的投资方式。投资者享受专家服务,有利于分散风险,获得较高且稳定的投资收益。

(4)期货投资,是指投资者通过买卖期货合约(即在将来一定时期以指定价格买卖一定数量和质量的商品而由商品交易所制定的统一的标准合约,它是确定期货交易关系的一种契约)躲避价格风险或赚取利润的一种投资方式。

(5)期权投资,是为实现盈利目的或规避风险而进行期权买卖的投资方式。

(6)证券组合投资,是指企业将资金同时投资于多种证券。

2. 证券投资的程序

(1)全面了解证券市场,选择投资对象。通过了解,企业可根据自身情况和偏好选择不同的证券,以满足对证券投资的需求,达到收益最大、风险最小的目的。

(2)合理调整证券投资组合。企业可通过投资于不同种类证券,分散和降低风险,形成适合自己收益和风险偏好的证券投资组合,并根据市场变化情况调整,使其处于合理状态。

(3)委托买卖。企业选择合适的经纪人委托买卖证券。

(4)交割和清算。在企业委托经纪人买入某种证券成功后,便应交付款项,以取得证券。如企业委托卖出的,则应交出证券,收取价款,这种行为称为交割。

(5)办理证券过户。证券按券面是否标明持有者姓名,分为记名证券和无记名证券,证券过户只限于记名证券的买卖业务。当委托买卖某种证券成功后,必须办理变更手续。

二、债券投资

(一)债券投资的特点

债券是发行者为筹集资金,向债权人发行的在约定时间支付一定比例的利息，并在到期时偿还本金的一种有价证券。企业债券投资的目的有两个，一是合理利用闲置资金，调节现金余额。例如，企业进行短期债券投资，就是在现金余额太多时，通过购买短期债券使现金余额降低；而当现金余额太少时，通过出售手中的短期债券收回现金，从而使现金余额提高。二是获得稳定收益。企业投资长期债券就是这一目的。

债券投资的特点：

（1）易受投资期限影响。无论是长期债券投资还是短期债券投资，都有到期日，债券到期收回本金，同时意味着本次投资结束。

（2）投资权力有限。债券持有人有权投资债券，同时按照约定取得利息，到期收回本金，但是无权参与被投资企业的经营管理。

（3）收益稳定，投资风险小。债券的投资收益通常在购买时已经确定，与股票相比，债券收益率不高但稳定性强，投资风险较小。

（二）债券价值与投资决策

1.债券价值

债券投资主要是为了获得收益。对债券持有者而言，购买债券后，可定期获取固定利息。正常情况下，债券投资产生的现金流量，就是每年的利息收入和债券到期时的本金回收。影响债券价值的因素主要是债券的票面利率、期限、所采用的贴现率等。债券一旦发行，由于面值、期限、票面利率都相对固定，此时市场利率成为影响债券价值的主要因素。市场利率决定债券的贴现率，市场利率的变化会造成系统性的利率风险，表现如下：

（1）利率变化影响债券价值。

（2）长期债券对市场利率的敏感性会大于短期债券。

（3）市场利率低于票面利率时，债券价值对市场利率的变化较为敏感，市场利率稍有变动，债券价值就会发生剧烈的波动。当然，与短期债券相比，长期债券的价值波动较大，特别是票面利率高于市场利率的长期溢价债券，虽易获取投资收益，但安全性较低，利率风险较大。

2.债券投资决策

债券投资决策主要是对投资时机、投资期限及债券种类作出选择的过程，决策的结果就是在符合约束条件的前提下，尽可能实现投资目标。证券投资决策通常包括积极的投资策略和消极的投资策略两种。积极的投资策略表现为，一是根据预期利率的变动主动交易；二是采用操纵收益率曲线法，通过持续购买期限较长的债券，达到实现较高投资收益率的目标。典型的消极投资策略就是买入债券并持有至到期。

（三）债券投资的收益率

债券投资的收益水平通常用到期收益率来衡量。到期收益率是指以市场价格购买债券并持有至到期日或转让日所能获得的收益率，它是使未来现金流量的现值等于债券购买价格的折现率，即"债券购买价＝每年利息×年金现值系数＋债券面值×复利现值系数"。平价发行的每年付息一次的债券，其到期收益率等于票面利率。如果买价和面值不等，则到期收益率和票面利率亦不同。债券真正的内在价值是按市场利率贴现决定的内在价值，当按市场利率贴现所计算的内在价值大于按内部收益率贴现所计算的内在价值时，债券的内部收益率才会大于市场利率。

三、股票投资

投资于股票预期获得的未来现金流量的现值，即为股票的价值或内在价值、理论价格。股票是一种权利凭证，它之所以有价值，是因为它能给持有者带来未来的收益，这种未来的收益包括各期的股利，转让股票获得的价差收益、股份公司的清算收益等。价格小于内在价值的股票，是值得投资者购买的。股份公司的净利润是决定股票价值的基础。股票给投资者带来的未来收益一般是以股利形式出现的，因此也可以说股利决定了股票价值。

（一）股票估价基本模型

从理论上说，如果股东不中转股票，股票投资就没有到期日，投资于股票所得到的未来现金流量是各期的股利。假定某股票未来各期股利为 D_t（t 为期数），R_s 为估价所采用的贴现率即期望的最低收益率，股票价值的估价模型为

$$V = \frac{D_1}{(1+R_s)^1} + \frac{D_2}{(1+R_s)^2} + \frac{D_3}{(1+R_s)^3} + \cdots + \frac{D_n}{(1+R_s)^n} \qquad (3\text{-}1)$$

优先股是一种特殊的股票，优先股股东每期在固定的时点上收到相等的股利，优先股没有到期日，其未来的现金流量是一种永续年金，其价值计算为

$$V = \frac{D}{R_s} \tag{3-2}$$

（二）常用的股票估价模式

与债券不同，持有期限、股利、贴现率是影响股票价值的重要因素。如果投资者准备永续持有股票，未来的贴现率也是固定不变的，那么未来各期不断变化的股利就成为评价股票价值的难题。为此，我们不得不假定未来的股利按照一定的规律变化，从而形成几种常用的股票估价模式。

1. 固定增长模式

一般来说，公司并没有把每年的盈余全部作为股利分配出去，留存的收益扩大了公司的资本额，不断增长的资本会创造更多的盈余，进一步又引起下期股利的增长。如果公司本期的股利为 D_0，未来各期的股利按照上期股利的 g 速度呈几何级数增长，根据股票估价基本模型，股票价值为

$$V = D_0 \times \frac{(1+g)^1}{(1+R_s)^1} + D_0 \times \frac{(1+g)^2}{(1+R_s)^2} + D_0 \times \frac{(1+g)^3}{(1+R_s)^3} + \cdots + D_0 \times \frac{(1+g)^n}{(1+R_s)^n} \tag{3-3}$$

因为 g 是一个固定的常数，所以当 R_s 大于 g 时，上式可以简化为

$$V = \frac{D_1}{R_s - g} \tag{3-4}$$

2. 零增长模式

如果公司未来各期发放的股利都相等，并且投资者准备永久持有，那么这种股票与优先股是相类似的。或者说，当固定增长模式中 $g=0$ 时，有

$$V = \frac{D}{R_s} \tag{3-5}$$

第四章 现代企业财务管理的信息化建设与创新

第一节 财务管理信息化理论基础

一、企业信息化发展

企业信息化实质上是将企业的所有业务过程和管理过程计算机化和网络化，通过各种信息系统、网络加工生成新的信息资源，提供给各层次的人们，使其洞悉、观察各类动态业务中的一切信息，以做出有利于生产要素组合优化的决策，能适应瞬息万变的市场经济竞争环境，求得最大的经济效益。

（一）企业信息化总体框架

企业信息化总体架构主要涵盖企业业务架构、企业信息架构、企业应用架构、企业网络基础设施架构等，其为信息化建设的实施提供一幅完整的蓝图，全面系统地指导企业信息化建设的进程。架构由3个框架元素组成：架构、方法论、工具。架构就是蓝图，分层次的蓝图；方法论就是给出如何实现这些蓝图的方法和计划；工具就是为实现蓝图所使用的工具。架构设计的本身是一个技术复杂的过程，是一个多方面综合交叉的设计。架构框架理论为这个过程的推进和目标的达成提供了一个系统的指导。

1. 总体架构框架理论

（1）Zachman EA Framework，又称为 ISA (Information System Architecture)，由美国学者 John Zachman 集自己 27 年 IT 行业从业经验于 1987 年提出，其把企业信息化架构划分为 5 个层次，6 个维度。

（2）Federal Enterprise Architecture Framework，简称 FEAF，即美国联邦实体体系结构框架，其定义了一个 IT 企业架构作为战略信息资产库，定义了业务、运作业务所必需的业务信息、支持业务运行的必要的 IT 技术、响应业务变革并实施新技术所必需的变革流程等要素。

（3）DoD Architecture Framework，简称 DoDAF，是美国国防部体系架构框架。

（4）The Open Group Architecture Framework，简称 TOGAF，是欧洲共同体开放工作组体系结构框架。

2. 业务架构

业务架构是企业全面的信息化战略和信息化体系架构的基础，业务架构是应用、数据、技术架构的主要决定因素。业务架构将高层次的抽象的业务目标转换成可操作的简单明晰的业务模型。业务架构可以针对企业整体业务，是企业关键业务战略及其对业务功能和流程的影响的具体表达，通常是在业务模型的基础上实施的业务设计，从不同视角展现业务模块和它们之间的关系，即业务的主要流程。

3. 信息或数据架构

信息或数据架构是从总体看整个企业的信息流结构和数据资源，包括数据的分类和定义、企业信息模块和模型。包括定义数据管理和维护的策略、原则，企业数据模型的建立方法，数据标准和格式、数据字典，数据的采集、存储、转换、发布、传输等。

4. 技术架构

技术架构在业务架构的基础上提供了一个框架，这个框架为发展和开发一个交互不同的业务部门和业务领域的、技术层面上的、与业务相一致的解决方案提供了一个基础，从最高层次的政策、原则、指导纲要到技术领域的技术标准化、技术选择和技术组件，技术架构是单一系统和整体系统的技术实现。

5. 应用架构

应用架构是支持关键业务的主要应用系统，按照企业应用架构的层次模型细分为各个应用或应用群的功能模块和应用范围、应用之间和各个应用系统与外围系统的关联关系、应用或应用群的分布模式、接口定义及数据流向。

6. 基础设施

基础设施是对整体架构的物理实现，包括硬件、软件操作系统、数据库系统，网络系统等企业数据和应用程序可以运行的环境，同时要满足企业的数据量、用户数、反应速度、在线率等要求。

（1）组件。组件是指某一个系统模块、IT产品、技术标准、规范的IT服务等，能够提供一项或者几项系统技术功能的最小单位。通过对组件的应用和组合，就可以建立起庞大、复杂的信息系统及应用服务。组件是现有的，按照标准的规则组成了通用的信息应用系统，包括总体架构中的数据层、应用层、中间件层、渠道层等。

（2）方案。方案是指能够完成某一个或者某一类业务的子系统，或子系统的模型。在总体架构中，方案是一个标准化的子集，在企业总体架构中占有重要的地位。方案可以在企业中成功实施并且十分稳定地提供某一方面的功能，通过使用面向对象的方法，使开发和部署更加方便、风险更低和便于维护。

企业信息化总体架构有几种形式，即集中式、联邦式、分布式和虚拟式。集中式适合单一的复杂大型组织和企业；联邦式适合有总公司和数家分公司的企业集团；分布式适合多个法人代表，其在地理上跨多个国界和区域，需要共同搭建总体架构，但是用在不同的业务领域。我国的企业有自己的内部特性和外部环境，可以设计出适合本企业的信息化总体架构，即首先要分析企业信息化总体架构的现状和企业的未来目标，还要考虑所在行业的特点，能够最佳地采用企业现有的管理、技术和应用系统资源，还要充分考虑企业业务运营的连续性和无干扰性。

（二）企业信息化的发展历程

研究和讨论这类问题时，首先要把研究对象的概念弄清楚，并确定一个清晰的逻辑思路，然后采用由此及彼、由表及里、从上到下、逐层分解的方法去探索和思考，以达到解决实际问题的目的。也就是说，首先要解决一个思想方法问题，这样就不至于陷入盲目和无实际意义的争论误区。这就是通常讲的理性化思维。企业信息化与企业信息化建设在本质上是一致的，但实质上还是有所区别的。企业信息化是属于企业战略、企业目标、企业发展等这类带有全局性、规划性、指导性的抽象范畴，如同现代化的概念一样。企业信息化建设是指企业具体应用先进的科学管理方法和现代信息技术，以信息资源为主要对象，采用系统集成的手段，对企业管理的架构与机制进行全面整合，使物流、资金流、信息流、人才等资源得到合理配置，使企业经营（生产）管理业务流程得以规范和优化，以达到提高企业经济效益和管理水平的目标的全过程。

1. 生产过程控制的信息化

生产过程控制的信息化是控制技术自动化的发展和升华，是制造类型企业特别是批量生产流水线作业方式信息化的关键环节。其主要内容就是综合利用自动控制技术、模拟仿真技术、微电子技术、计算机及网络技术实现对生产全过程的监测和控制，提高产品质量和生产效率。

生产过程控制的信息化重点是产品开发设计、生产工艺流程、车间现场管理、质量检验等各设计、生产环节。例如：应用计算机辅助设计（Computer Aided Design, CAD）、计算机辅助制造（Computer Aided Manufacturing, CAM）、辅助工艺设计（Computer Aided Process Planning, CAPP）。

2. 企业管理的信息化

企业管理的信息化是企业信息化建设中比重最大、难度最大、应用最为广泛的一个领域，涉及企业管理的各项业务及各个层面。企业管理的信息化建设就是通过信息集成应用系统来有效地采集、加工、组织、整合信息资源，提高管理效率，实时动态地提供管理信息和决策信息。例如，事务处理系统（Transaction Processing System, TPS）、管理信息系统（Management Information System, MIS）、决策支持系统（Decision-making Support System, DSS）以及企业网站。无论什么类型的企业都必须根据自身的实际，花大气力、扎扎实实地把这项工作做好。

除此之外，在业务管理活动中还产生大量的非结构化数据，如各种文档、邮件、报表、网页、音像、视频、扫描图像、演示幻灯片等。因此，办公自动化（Office Automation, OA）和文档管理也是企业管理信息化建设中的一项重要内容。

3. 企业供应链管理的信息化

在现代市场经济条件下，制造业的生产也不再是"小而全"的孤立、封闭的模式，企业的生产和管理活动发生了前伸和后延。企业从原材料、零部件的采购、运输、储存、加工制造、销售直到最终送给和服务于客户，形成了一条由上游的供应商、中间的生产者和第三方服务商、下游的销售客户组成的链式结构，这就是供应链。因此，企业供应链管理的信息化是制造企业非常重要的一个组成部分。其重点是利用企业局域网络、Internet 互联网、数据库、电子商务等技术资源通过对供应商、第三方服务商及客户的信息化管理与协调，将企业内部管理和外部的供应、销售、服务整合在一起，提高制造企业的市场应变能力。

（三）企业信息化组织建设及硬件设施配套

企业信息化建设最明显的特征是具有实践性和可操作性。因此必须务实，做好组织到位与措施落实这两件大事。概括起来讲，就是要抓好"三个要素一个配套"，即设计思路、开发工具、人员组织落实以及硬件设施配套。有关设计思路、开发工具的问题前面已有阐明，不再赘述。

实际上，随着组织规模不断扩大、业务模式不断转变、市场环境不断变化，企业对信息管理的要求会从局部向整体、从总部向基层、从简单向复合进行演变。企业从信息化初始建设到不断优化、升级、扩展来完成整个信息化建设工作。这些都体现了企业信息管理由窄到宽、由浅至深、由简变繁的特殊需求变化。ERP（Enterprise Resource Planning，企业资源计划）软件系统在推动企业管理变革、提高绩效管理、增强企业核心竞争力等方面发挥着越来越重要的作用。面对互联网时代信息技术革新和中国企业成长路径的需要，ERP 软件系统通过 B/S（Browser/Server，浏览器/服务器）模式完成对 C/S（Client/Server，客户机/服务器）模式的应用扩展，基于 IE 浏览器不同接入方式进行共同数据的访问与操作，极大地降低了异地用户系统维护与升级成本，实现了"及时便利＋准确安全＋低廉成本"的效果。

企业信息化组织建设要重视硬件设施的配套，其中最关键的是必须建立一个合理的计算机网络拓扑结构，主要包括互联网接入和企业局域网两大部分。要从通畅接入、防毒防攻击、可管可控、系统安全等方面来有效地配备网络结构和购置硬件设备，同时建立、健全相应的网络管理制度，这些都是企业信息化建设的重要基础和支撑。

二、财务管理及财务信息系统的含义

（一）财务管理的含义

财务管理（Financial Management）是在一定的整体目标下，关于资产的购置（投资）、资本的融通（筹资）、经营中现金流量（营运资金）以及利润分配的管理。财务管理是企业管理的一个组成部分，它是根据财经法规制度，按照财务管理的原则，组织企业财务活动，处理财务关系的一项经济管理工作。

（二）财务信息系统的含义

财务信息系统是指以统一合理的部门合作、疏通的信息渠道为依托，以计算机、Internet网络、网络财务软件为手段，建立的财务信息服务系统。它运用本身所特有的一套方法，从价值方面对事业、机关团体的经营活动和经营成果，进行全面、连续、系统的定量描述。

三、财务管理信息化的内容

从专业角度划分，财务信息化可以分为财务会计、管理会计、财务管理和审计四个专业领域。从企业用户角度划分，财务信息化服务的对象包括战略决策层、管理控制层和业务操作层的不同层面的人员。财务信息系统的各个专业模块各自服务于不同层面的企业用户。

国内多数企业的财务信息化还处于财务会计的会计核算和财务报表的应用阶段，这些系统或系统模块对于战略决策层的规划、分析、监控的支持力度是远远不足的。

一些管理领先、信息化基础较好的大型企业，已经开始了预算、作业成本、决策支持分析等管理会计信息化的应用，并取得了较好的应用效果，使得ERP和核算系统中的财务业务数据能够更好地满足战略决策层的管理需求。

四、财务信息系统与其他业务系统的关系

财务信息系统是其他各业务系统的核心和数据流转的终点，对于财务信息系统，不能仅从企业财务信息系统的传统概念去认识，而要从"国民经济信息化"的角度去思考。站在这个高度，就能考虑财务信息对于经济社会的作用，发现财务信息对于经济运行的价值，研究它在经济分析和宏观调控中所发挥的功能。

按照上述思想，探讨研究以下问题：第一，重新认识财务理论并进行突破与创新。第二，分析财务信息系统与管理信息系统、经营信息系统之间的关系。第三，介绍企业财务信息系统，讨论财务信息处理的智能化。第四，讨论"工程财务"理论，进行财务信息生产社会化、经济信息处理综合化的"国家经济信息支持系统"的设计。实际上，我们提出"财务信息化"是因为传统的财务信息系统已经不适应现代信息管理发展的要求：

其一，传统财务信息系统是企业内部的信息"孤岛"。财务软件只局限于财务部门使用，其他部门如企业领导和管理人员要看财务报告、财务报表，还需要用财务软件打印出来。另外，很多业务如生产、采购、库存、销售、人力资源等都与财务信息紧紧联系在一起。但过去的财务软件没有与业务系统很好地连接。

其二，传统财务信息系统与企业外部的信息系统隔离。所有的商务交易还是要通过手工方式先开具纸张单据，然后再输入电脑。

其三，传统财务信息系统是人工财务的模拟系统。以前尽管财务软件提高了财务工作的效率和财务信息的质量，但财务处理程序和方法基本上是把手工的一套移到电脑上去，我们很多企业的财务人员还要求电脑屏幕上显示的凭证和手工的一模一样。计算机技术发展到今天是以更大简化为目的，不断增大科技含量，内在越复杂，外在越简单，这是未来科技发展的方向。

其四，传统财务信息系统滞后于现代信息技术的发展。现在 Internet 及 Intranet 技术的发展已经到了我们无法想象的阶段，如果我们还在用孤立的个人计算机处理个案，那么企业的管理决策、预算、投资、生产决策就会因信息量不足而出现失误。

其五，"财务信息化"的提出是把财务的服务管理职能放在现在和未来的信息大环境中考虑的，我们变革的目的是谋求发展。

我国 MRP II、ERP 等先进的企业管理系统的研究和使用还处于起步阶段，目前国内绝大多数企业使用的还是核算型或是向企业管理信息系统方向过渡的相对独立的财务信息系统软件。这种财务信息系统是一个不够理想的管理信息系统，但这是向 ERP、MRP II 等过渡的关键和决定性的一步。

五、财务管理信息化的未来发展

基于 Internet 的计算环境和网络技术平台促使新一代企业信息系统的产生，即企业不需要购买和建设自己专属的信息系统，而是可以租用网上公用信息系统，即 SaaS（Software as a Service）软件及服务模式。

SaaS 最早的应用是 CRM 的业务管理系统，新的业务模式是把 ERP 推向 Internet 的最根本的原动力。Internet 的技术特性在与 SCM、CRM 等新型业务模式相结合后，充分显示出它的优势。Internet 应用不仅可以改善供应链中各部分之间的沟通，提高供应链效率，更重要的是将会改变供应链的结构，对现有的销售及服务体系进行重组。Internet 还使为每个客户提供个性化服务成为现实，甚至包括提供网上的自助式服务。

随着信息化在企业中得到认可并为企业带来巨大的经济效益和竞争优势，21 世纪的财务管理在保持价值和创造价值中的角色正在发生戏剧性的变化。首先，财务管理的环境发生了巨大变化，经济全球化浪潮袭来，其对财务管理的直接影响是金融全球化。人们越来越多地要求重新考虑财务一直以来扮演的监护和风险管理的角色。在金融工具和衍生金融工具不断创新的今天，如何寻求机遇、规避风险，是每个企业迎接挑战所面临的问题。对此，企业财务管理的信息化虽然不是企业应对新时代挑战的唯一措施，却是企业提高核心竞争力的一个重要举措。企业如何正确认识财务管理信息化的问题并解决问题，合理配置各种资源，进而全面提高企业的市场竞争力和经济效益，是每个企业所要关注和考虑的。

财务管理信息化是将信息技术引入传统财务管理的一种先进的财务管理模式，这种信息化财务管理模式绝不是简单地在财务管理中使用几台电脑、架设几条网线就可以解决的。它是"三分靠技术，七分靠管理"。首先，财务管理是企业管理的核心，它通过价值形态对企业资金运转进行综合性管理，渗透和贯穿于企业一切经济活动之中。当企业能够做到运作的所有环节与财务紧密联系，所有过程状态都实时反映到财务上，财务结果尽快反馈到企业各级管理者，使其能够迅速反应，提高绩效，企业财务管理就能达到权力的集中监控、资源的集中配置、信息的集中共享的状态，然而这样的状态如果没有完善的数据共享机制是难以做到的。其次，企业信息化包含三个层面：数据信息化，即企业把库存信息、销售凭证、费用凭证、采购凭证等原始数据以一定的数据格式录入到计算机里，以数字的形式保存起来，便于随时查询；流程信息化，即将企业已经规范的一些流程以软件程序的方式固定下来，减少人为控制和"拍脑袋"的管理行为，同时提升客户满意度；决策信息化，即对原始数据进行科学的加工处理，将企业的资金流、物流、智力流汇集成企业的信息流，再运用一定的计算模型，产生相应的管理决策信息，指导企业的经营和决策。决策信息化是信息化的最高层次，可以对企业进行连续的实时监控和快速的调整反应。

我国建立企业财务管理信息化经历了三个阶段。第一阶段，使用单机会计电算化软件，通过编写单机程序来实现会计记账、核算、制作会计报表和财务分析的计算机程序化管理；第二阶段，建立企业内部局域网，运用统一的网络财务软件，初步实现了企业的财务管理信息系统、生产信息系统、销售信息系统等各个系统的集成；第三阶段，企业内外流程一体化，该阶段真正实现了企业财务管理信息化，为企业决策者和相关利益方提供了很好的决策支持服务。它运用计算机局域网来完成财务系统与销售、供应、生产等系统的信息集成和数据共享，运用广域网和数据仓库技术，使集团公司内部之间以及与相关价值链主体之间能及时整理、传递、分析、反馈财务和管理信息。

六、财务管理信息化的模块及其功能

真正实现财务管理信息化必须依靠若干个信息系统模块的集成，系统的成功建立以及相互之间的集成管理是财务管理信息化成功的体现。一般来说，财务管理信息化由五部分组成，它们分别是会计事务处理信息系统、财务管理信息系统、财务决策支持系统、财务经理信息系统以及组织互连信息系统。

（一）会计事务处理信息系统

这一系统的建立主要是完成企业财务部门会计核算工作，按功能可分为会计核算信息子系统以及会计管理信息子系统。会计事务处理系统具体来说是以账务处理、报表管理和日常会计事务处理为主，它能够解决财务人员手工记账和报表的烦琐问题，减轻会计人员的工作量。

（二）财务决策支持系统

它是一种很灵活的交互式信息系统，用来解决事先难以准确预测或者是随机变化的问题。能够为企业决策者制定正确科学的经营决策提供帮助，同时对企业财务风险起到事先防范的作用。具体操作是，财务人员通过进行一系列"what-if"分析，并运用不同的模型，列举可能的方法，来协助分析问题，估计随机事件的各种可能结果，预测未来状况。

（三）财务经理信息系统

顾名思义，该系统是来辅助财务经理的工作的，它是将会计事务处理系统、财务管理信息系统、财务决策支持系统相结合的高度交互式信息系统。它能够分别利用企业数据仓库，对其进行数据挖掘，发现数据的特征，预测企业内外环境的变化趋势，使企业的财务主管能够从更多的观察视角了解问题和发现机遇。

（四）组织互联系统

该系统能够使企业的财务部门与其他部门、本企业与其他关联企业之间的财务信息自动流动，加强企业财务管理的计划、组织、控制、分析、预测、决策等各个环节相互间的联系，保证企业的生产与经营的正常运转。

七、财务管理信息化内部控制系统

（一）组织与管理控制

建立岗位责任制，明确职责。设置网络管理中心，全盘规划，合理布局。采取措施确保各工作终端和人员之间适当职责分离，做到相互制约、相互稽核，以实现内部控制，及时发现违规行为。

（二）系统开发控制

系统开发控制是为保证网络财务系统开发过程中各项活动的合法性和有效性，它贯穿于系统规划、系统分析、系统设计、系统实施、系统测试和维护等各个阶段。

（三）系统维护控制

系统维护控制包括软件修改、代码结构的修改、计算机硬件与通信设备的维修等，涉及系统功能的调整、扩充和完善。

（四）网络操作控制

操作管理的重点是权限控制，建立健全财务管理信息化岗位责任制，制定并严格执行上机操作制度，加强系统人员的操作规程培训。其中系统管理员要做好网络资源分配、网络服务的管理、数据库的操作、会计数据及时备份等本职工作；操作人员也要按照操作规程严格作业，不得越权。

（五）网络系统安全控制

网络系统安全控制主要是做好软件、硬件控制，大众访问控制，数据通信控制，防病毒控制以及数据丢失控制。

八、SWOT 财务管理信息化分析

（一）财务管理信息化之于企业的机遇

（1）提升企业整体竞争力，帮助企业制定发展战略。财务信息化是加强企业财务集中监管的有力手段，它能很好地达到信息共享、信息整合，辅助企业领导及时掌握企业经营状况，实现事前计划、事中控制和事后监督，是解决企业财务工作中的一些重大问题的有力工具。

（2）提高财务管理水平，促进财务管理现代化。目前企业要提高自身财务管理水平以及促进财务管理现代化，就必须实行统一的财务制度和管理规范，统一资源调配，强化决策和经营考核，实行账务分开、责权相对独立、考核决策一致的财务管理原则。企业财务信息化是管理现代化的体现，满足核算全面化和数据准确性的保证，是优化企业资源配置的必然选择。

（3）财务管理信息化是实现企业战略目标的通行证。财务管理信息化建设对企业管理体制的改革与管理工具的完善有很好的推动作用。财务管理是提升企业管理水平的核心，财务工作必须面向企业、面向发展、面向未来，切实进行管理模式变革，因此，借助于有效的管理手段提高整个企业财务管理的水平，就需要进行财务信息化建设。

（4）提高企业经济效益水平。企业财务管理信息化能够减轻财务人员的劳动强度、提高工作效率、节约资金成本、节省物料、降低内部交易成本、提高企业经营绩效等，对提高企业管理水平和提高企业经济效益，具有现实意义。

（二）财务管理信息化建设之于企业的挑战

（1）必须转变观念，树立以财务信息化管理为核心的管理思想和理念。随着我国社会主义市场经济的不断完善，改革和发展的加快，企业必须尽快摒弃长期计划经济体制下形成的管理模式，树立以资金流程控制为重点的管理理念。认识到抓好企业内部的财务管理和资金监控，对整个企业管理水平的带动作用，明确财务管理信息化之于企业的重要意义。在企业经营管理过程中，要勇于实现企业管理信息化，以财务管理信息化建设为核心和切入点，通过建立财务管理信息系统，强化财务管理与资金监控。

（2）财务管理信息化的实质是管理创新和制度创新。对企业财务管理信息化而言，其实质就是财务管理体制和制度的创新，它需要对原有的财务流程进行重组，对现行的管理方式和财务制度进行规范。因此，企业财务管理信息系统的建设，不是单纯的技术问题，而是以建立集中统一的财务管理体制为基础，以实行集中内部统一财务软件和建立计算机网络为支撑，以建立企业财务结算中心为手段，通过系统集成来实现"总厂一本账"。

（3）根据企业财务管理信息化成熟度进行合理的信息化建设。实行财务管理信息化是需要具备一定的条件的，这些条件包括企业的计算机管理基础、相关的人员技术力量、员工对信息化的接受程度、企业的组织结构和业务流程与信息化的适应度等方面。尤其是大型的财务信息化建设，现在已经有了一些可供参考的依据，即其成熟度分析。成熟度测试过程很复杂，而且程序和方法不止一种，无论采取哪种成熟度测试，其目的都是企业能从现实情况出发，科学合理地做出安排。

（4）加快财务管理信息化建设不能急于求成。我国企业财务管理信息化建设工作的条件和技术水平还不够高，财务管理信息系统是整个企业管理信息系统的核心子系统，不仅要对建立财务管理信息系统实行规划，而且必须对整个管理信息系统进行整体规划。因此，加强财务管理信息化建设，必须统筹规划、分步实施，切不可急于求成。企业要从基础信息化做起，按照先易后难、分步实施的原则，以财务、物资、生产管理的秩序分阶段进行。

第二节　现代企业财务管理信息化建设的意义及措施

如果信息传递不发达，那么现代企业遇到问题将不能及时有效地回复，进而将使得很多现代企业在实际经营过程中遇到这样那样的问题。如果未能及时开展信息化建设，那么极易导致现代企业出现较高水平的财务风险。时间一长，会严重影响以及制约现代企业经营发展的过程，也就使得现代企业失去了竞争力。本节分析了财务管理信息化建设的意义以及构建财务管理信息化体系的措施，为促进企业健康发展提供切实可行的重要依据。

一、现代企业财务管理信息化建设的意义

（一）促使企业财务数据信息的精准度显著提升

信息化时代下，现代企业日常经营活动往往会出现大量的数据信息，及时并清晰地将其分类，从而生成可靠度高的财务报表，能够有效保证企业科学、精准决策。以大数据技术、"互联网+"技术、云计算等信息化技术，可以促使企业财务数据利用效率显著提高，从而迅速提高财务数据信息精准度。

（二）提高财务管理信息挖掘水平

财务管理信息化可有效和全面收集基础性数据、客户的购买喜好等方面的信息，从而与市场需求信息相结合；可以对数据进行深层次的挖掘，以研发出全新的产品，为企业客户提供全新的服务，以制定有针对性的营销对策。财务管理职能朝着信息挖掘方向延伸，从而促进企业决策水平显著提升。

（三）降低财务管理中的成本水平

通过强化信息化建设，可以最大限度地减少财务管理工作中不必要的成本支出，尽可能大地减少资金和资源浪费，还能够促使资源优化配置，从而对现代企业经营状况予以改善，加快现代企业运行效益水平的提升。

（四）促使企业整体内部管理水平显著提高

信息化技术还能够促使整体内部管理水平的显著提升，以提高技术水平以及服务水平，在国内获得良好的社会声誉度，并对自身经济效益的提高具有促进作用。信息化建设是现代企业在当前经营管理中十分重要的内容与方面，为了有效达到信息化建设效果，现代企业务必要通过投入大量的人力、财力、物力，结合市场发展形势，构建科学的战略发展目标，然后同自身经营状况之间充分结合，开展合理规划，并不断加以完善与调整，以增强信息化建设成效，促使内部管理水平的显著提高。这对财务管理质量具有促进作用，能够提高现代企业综合竞争优势。

二、现代企业财务管理信息化建设的措施

（一）对财务管理信息化建设给予高度重视

相关领导应该对现代企业财务管理信息化给予高度重视，不断创新管理理念，接受信息化时代下的新经营管理理念。认识到现代企业财务管理信息化的重要性，使得财务管理数据更好地扩展到相关领域，促使现代企业财务管理信息质量水平的显著提高，从而促进现代企业财务管理体制得到健全以及完善。政府相关部门与主管领导应该致力于推进现代企业公司财务管理信息化的发展，从而促使现代企业各项运行成本显著下降。

（二）对企业财务数据信息进行有效收集和整理

信息化时代下，对现代企业财务数据的控制程度较小，主要原因在于内部管理信息的采集以及整理度严重不足，这增加了财务风险。对此，需要企业对财务数据信息的微观整理机制更加重视，以有效减少财务数据信息的随意更改。坚持企业应用为首要原则，在财务数据明细之中对相关数据进行保存和备份，进一步强化财务数据的真实性。此外，还应该高度重视财务数据的整理工作，使得原有的数据资料在出现漏洞时，能够在第一时间之内使用电算化会计对漏洞加以发掘，以有效降低因数据而产生的风险。企业自身收集财务数据仅仅为内控机制的单一性维度，收集市场财务数据信息的同时，需要与外部会计系统相结合。

（三）对企业财务管理信息化建设予以规范

财务管理信息化建设不仅仅是将信息技术应用于财务管理工作之中，其代表的是企业管理程序以及方式的变化，需要企业所有部门参与其中。因此，企业应该将财务管理信息化建设管理系统的运行过程予以规范，通过制定相关规章制度，对整个信息化建设进行整体规划，以企业财务人员的集中管理为前提，在全企业制定统一的数据计算口径，统一上传与下达方式，优化业务流程，加快信息的流转，实现部门与部门之间数据交流的畅通无阻，加强信息的整合性，为企业的经营决策提供有价值的信息。

（四）培养专业化的财务管理信息化人才

随着信息化改革进程不断加快，现代企业财务人才的专业化要求变得越来

越高。当前经济发展水平越来越高,高素质专业化人才变得更加难求,尤其是既专业又有信息化水平的复合型财务管理人才十分匮乏。对此,现代企业为了能够取得快速发展与进步,应该注重培养财务信息化管理人才,才能更好地适应当前市场发展的内在需求,从而促进自身快速发展。可以采取定期培训、实战演练等方式提升财务管理人员的素质。

第三节 企业财务管理信息化协同模式的创新与探究

一、企业财务管理信息化协同模式的基本含义和特征

(一)企业财务管理信息化协同的含义

财务管理中的信息化协同模式,是指财务管理人员充分运用信息化的网络技术平台来收集、存储并且共享企业财务数据资源,进而达到促进企业财务工作综合效益提升的目标,合理降低企业目前投入的财务管理成本,并且致力于企业财务资产的安全性维护。近些年来,数字化以及信息化的企业管理支撑手段正在被普及运用于现代企业,展现了财务信息化管理的优良实践效果。

因此,信息化协同的关键特征就是全面共享企业现有的财务数据资源,充分依靠网络渠道与网络平台来促进以上共享协同目的的实现。企业岗位人员需要保持更为紧密的沟通联系,促进财务数据信息在不同岗位之间的共享。除此以外,不同领域行业的企业之间也要充分共享与互通现有数据资源,搭建企业之间的资源数据互通渠道平台。唯有如此,企业现有的财务数据资源才会发挥出预期的最佳价值效益。

(二)企业财务管理信息化协同的特征

财务管理信息化协同的基本特征包含共享性、实时性与安全性,企业财务人员以及管理者要将企业现有的内部财务数据运用于网络共享平台,实现企业

内部以及不同企业之间财务数据的共享。企业财务数据如果局限在比较狭窄的互动传递领域及范围，那么财务数据信息的最大化价值就很难得到真正发挥。与之相比，协同模式允许各个领域行业的人员共同分享企业财务数据，有益于支撑更加科学完整的企业决策，对于财务管理中的企业成本资金支出也能进行灵活的控制，并加以降低。

二、企业财务管理信息化协同模式的实践作用

首先，增进企业之间的财务数据互通交流。企业不应当将财务数据的共享交流过程简单局限在企业范围内，而是应当积极搭建不同企业之间的共享平台。信息化的财务管理协同运行体系有助于搭建多个不同企业的财务数据资源共享平台，对于企业管理人员以及企业财务人员的狭隘思路及认识进行突破。信息化协同的企业财务管理全新实践思路客观上支持了更广范围的财务数据共享，促使企业管理人员对于自身的狭隘思维方式进行合理转变。综上，增进企业的财务数据以及财务信息沟通交流不可缺少信息化协同的支撑保障平台。

其次，优化利用财务管理成本。财务管理成本在企业现有的各种管理成本支出中占有较大比例，企业管理人员是否能针对财务管理成本进行最优化的分配利用，直接关系企业预期的良好竞争效益及利润能否实现。信息化协同有益于准确控制企业管理成本，依靠信息化模式来降低财务管理支出。由此可见，协同管理以及信息化管理的重要实践工作思路值得被融入企业财务管理各个层面的工作中。

最后，促进财务管理运行效率的提升。财务管理效率取决于多个层面的不同因素，其中的财务管理模式因素占据非常重要的地位。财务管理的运行实施效率能否得到最大限度地提升，在根本上取决于企业目前现有的财务管理开展方式与手段。与人工进行财务数据汇总以及财务信息统计的传统做法相比，建立在信息化协同平台支撑前提下的全新财务管理举措更加可以确保优良的管理效益，充分展现财务管理信息化运行的效率。

三、企业财务管理信息化协同模式的完善建议

（一）搭建企业财务数据资源的共享平台

为了实现数据资源共享效果，管理人员应推动信息化的财务共享平台的建立，引导企业财会人员积极运用好现有的企业信息化平台。现阶段很多企业管

理人员正在着眼于搭建企业范围内的大数据共享平台，运用大数据的全新技术方法来促进企业数据资源更加充分共享。企业岗位人员之间应当达到更加紧密的互动交流程度，及时察觉存在异常的企业财务数据信息，为企业财务决策提供科学的数据支撑。

在不同行业领域的企业之间，企业管理人员应当积极参与融入财务协同共享的范围内，秉持共赢互利的全新思维方式来提升企业的预期经济效益。企业财会人员应当致力于自身综合业务素养的优化提升，积极接受与学习网络大数据手段。财务管理人员应当努力提升职业道德素养，严格保障与维护企业财务数据的信息安全。

（二）确保企业财务数据信息的完整安全

财务数据包含了企业经营管理的重要数据信息，因此企业财务人员的基本职责就是要保证财务数据的安全完整。在实践中，企业财务人员不仅需要积极促进财务数据的互通共享，还要对于存在的安全风险保持警惕意识，正确运用数据加密管理、网络防火墙、访问身份验证等专业技术方法来保护企业的财产资源安全。财务管理人员对于企业数据库的外来访问人员应当严格进行管控，充分依靠自动化的访问身份验证技术手段来维护企业数据安全，避免企业珍贵财务资源的丢失。

（三）健全企业财务信息化管理的协同运行体系

企业财务管理各个层面的举措应当被全面纳入协同运行体系范围内，充分确保企业内部的财务人员都能够认真执行，积极促进财务信息数据实现更大范围内的互通共享。企业管理人员应充分保障财务数据库的运行资源，增加企业针对信息化建设领域的资源投入力度，并引进具备良好业务素养的财务管理人才，培养优秀的财务管理实践人才。

第五章　基于大数据的现代企业财务创新

第一节　财务管理与大数据的关系概述

一、大数据视角下企业内部控制与财务风险管理

（一）企业内部控制和财务风险管理的含义

1. 企业内部控制的含义

企业内部控制实际是指以专业管理制度为基础，以防范风险、有效监管为目的，通过全方位建立过程控制体系描述关键控制点和以流程形式直观表达生产经营业务过程的整个归还过程，具体涉及风险控制、员工控制、生产流程控制、监管控制等。企业内部控制主要是利用科学、系统的管控体系，来帮助企业更好地运转，实现可持续发展，其主要作用有以下几点。

第一，企业利用内部控制，可以有效监控每个环节，确保每个环节能够共同开展、相互协调。每个部门或者每个环节通过内部控制，能够明确岗位职责，使工作能有序高效进行。

第二，企业通过内部控制，能够有效监管财务信息，确保财务体系正常运转，避免经济损失。如今各行业都可能存在财务信息失真的情况，加强内部控制，就可以使企业财务部门与其他部门相互监管，进而运行起相应的财务风险管理体系。

第三，企业加强内部控制，可以有效提高企业的综合竞争力。一方面，通过内部控制，企业能以系统科学的方式运行和发展；另一方面，企业在正常发展时，能够促进其外在形象建设和影响力提升。

2.企业财务风险管理的含义

通常意义上的财务风险是指在各项财务活动中，由于各种难以预料或控制的因素影响，财务状况具有不确定性，从而使企业有蒙受损失的可能性。为了应对这些不确定因素对企业造成的影响，企业常常会在这些因素发生前确定相关的财务风险管理体系，来帮助避免或者减少这些风险。对财务风险的管理主要体现在以下几个方面。

第一，管理风险中的不利因素，这个不利因素主要体现如下：一方面是规避或者减少企业发展中财务的现有不利因素；另一方面是企业拓展或者项目投资时，对有可能遭遇的财务危机进行风险管理，即分析其中的不利因素，避免此类因素造成的直接或者间接损失，让企业能够持续发展。

第二，财务风险管理需要专业人员。要应对财务风险，就需要配备专业的财务风险管理人员。财务风险管理人员具有识别企业危机和分析风险的能力，可以根据企业的发展来制定相关的规避财务风险的方法。企业在运行和发展中，无时无刻不受到财务危机的影响，选择专业的财务风险管理人员，能够科学、系统地管控财务风险，帮助企业健康、安全地发展下去。

第三，应对财务风险中的突然性危机。企业在发展或者投资时，常常会受到许多因素的制约，有些因素是可见并能提前规避的，有些则是突然发生的。财务风险管理就需要有应对这种突然性危机的能力，能够解决这类危机或者将损失降到最低。

（二）大数据视角下企业内部控制与财务风险管理之间的关系和区别

1.大数据视角下企业内部控制与财务风险管理的关系

首先，企业实行内部控制和财务风险管理都是为了帮助自身实现可持续发展，让企业在市场上扎根前进，越做越强。企业内部控制和财务风险管理都是工作的一环，两者之间互相依赖。企业实行内部控制和财务风险管理，其管理者都是管理层，实施者是各级或各部门工作人员，这就需要领导和员工达成信息共享，互相密切配合；而大数据时代下，能够高效地收集和整合信息，并将其便捷化处理，能大大提高工作效率，降低人力成本和节约工作时间。

其次，企业的内部控制是为了帮助企业进行财务风险管理。因为内部控制的几个要素主要是控制环境、风险评估、控制活动、信息及沟通、监控等，这些因素每一项都与财务风险管理有关，它们能评判财务风险发生的概率，也能对其进行监管和预防。事实上，财务风险管理是从内部控制中衍生出去的一项环节。企业的财务风险管理是通过专业人员对信息的整合，提前规避财务风险，从这点来看，大数据下若能够实时监控财务信息，并构建相应的财务风险管理信息平台，最大化地实现财务信息传输，就能提高财务管理的效率，也能实时掌控各项财务信息数据，避免发生财务危机。

最后，企业财务风险管理中的重要工作就是实行内部控制，从内树立危机意识，健全管控机制。利用大数据，结合财务信息构建财务风险管理体系，帮助完成财务信息化建设，实现财务管理升级，促进财务管理工作有序开展。

2.大数据视角下企业内部控制与财务风险管理的区别

第一，大数据下企业内部控制更多倾向于审计和会计，它包含的面更广，需要为企业内部进行全面服务，涉及各个层面，而财务风险管理更多是财务信息上的管理和监控，两者互有借鉴和融合。

第二，企业内部控制和财务风险管理工作内容不同。企业内部控制主要负责的是整个企业，其能防止企业信息失真，确保企业能够科学、系统地运转并健康发展。企业财务风险控制的主要工作内容是管理并规避财务风险，其核心关注点是企业内是否会出现财务损失，并对其进行科学监控、规避。两者的侧重点不同，但是都可以利用大数据进行精准、科学的计算，实现有效的管理。

第三，企业内部控制与财务风险管理的内部结构体系存在差异。在企业的不断发展中，财务风险管理随时都有可能发生变化，其内部的管理模式也会随时变化，对应的内部控制结构也会发生变化。这两者之间的差异可以根据大数据实时监控，并且当其中一项发生变化时，另一项可以通过数据提前推测演变结构。

（三）大数据视角下企业财务风险内部控制对策探究

1.强化企业财务风险管理，重视内部控制建设

传统财务管理仅仅针对企业利益核算，缺乏对财务信息的规范化管理。在大数据时代，企业强化财务信息管理，能有效规避财务风险。企业要强化财务风险管理，就必须要增强企业内部工作人员对财务风险内部控制重要性的认识。

第一，企业管理者要首先树立财务风险管理意识，从收集到的数据和信息中去探知是否有财务危机，然后通过宣讲、头脑风暴等形式和员工共同探究，培养和谐、平等的企业财务内部控制体系。第二，企业需要随时开展岗位责任培训，如通过座谈会、岗位选题考试等，强化员工的责任意识，以确保员工能更为积极地投入到工作中，机警地处理财务问题，具备在问题发生之前就提前示警的能力。第三，企业需要从上到下一体学习财务问题。企业高层是企业发展的谋划者，当高层有着强烈的财务危机意识时，才能对下层员工产生强烈的责任感，进而加强员工的内部建设，使其思想和行为能形成统一，促进企业的健康发展。

2. 架构财务预算体系，促使企业有序发展

在企业财务风险内部控制中，有一环非常重要，那就是提前架构财务预算体系，确保企业在预算发展中减少财务风险，进而有序发展。在架构预算体系中主要有以下三个方面需要注意：第一，在开始架构财务预算体系时，要综合以往的财务报表，收纳整理，分析其中的预算编制，做到实事求是，同时根据企业目前的发展需要，制订相应的财务预算。制订的财务预算体系应能将意外情况产生的概率降到最低，同时具有处理意外危机的能力。第二，在执行财务预算体系时，要搭设相应平台及时跟进、分析和反馈，对过程中出现的问题及时记录，既要做到高效管理财务预算体系，也要强化其中的内部控制，帮助其在后续的财务预算中吸收经验，避免重复错误，使得财务预算能够发挥出最大的作用。第三，在整个预算体系结束后，对这次的预算体系进行整理、总结。通过整个流程，能够让财务预算体系清晰、流畅化，对其中的错误和后续的制定都有着极其重要的参考意义。另外，此类财务预算体系的构建，可以促使企业在发展中有更多的容错空间，这能在很大程度上避免发生财务风险。

3. 建设审计部门，促进信息高速运转

在企业财务风险内部控制中，需要搭建相关的审计部门，以做到审计严格化、高效化。另外，审计人员的选择应从各部门中挑选工作能力强、责任意识高的。一方面，这样的人员对工作有着足够的熟悉度，有能力处理各种问题；另一方面，责任意识高的员工更能在责任范围内高素质开展工作，使信息高速运转，在风险发生时提出各项建设性意见，形成更加坚固的内部环境，进而促进财务风险控制工作的开展。另外，企业在构建审计部门后，需要搭建信息化平台，使各方向的信息都能得到高速运转，使自身在发生财务风险时，能够第一时间获取信息，制订相应的计划，以免造成较大的损失。

4.搭建相关保障体系,完善财务风险的内部控制

在实行财务风险管理和内部控制时,要建立相关保障体系,以确保财务风险内部控制能得到有效开展。首先,需要应用专业能力强的工作人员,确保能够科学、系统地开展工作;其次,财务风险的内部控制需要系统性,即利用大数据、制定系统流程,避免人工疏忽错误;最后,相关的保障体系能够使企业更加规范化,内部控制力更强,也能更好地规避财务风险。

二、大数据时代下财务决策应用问题及新思维

(一)大数据在财务决策应用中存在的问题

1.数据来源方面

要在财务决策中真正实现大数据技术的应用,必须大量收集企业及其相关部门的各种财务和非财务数据。企业运营涉及工商、税务、财政、银行、会计师事务所、交易所等多个利益相关者,数据来源众多、渠道较多,需要一个长期的数据收集过程。同时,多方面数据来源易导致数据格式不一致,如 XBRL(eXtensible Business Reporting Language)标准、Excel 和 Origin 等数据软件都有自己的规定格式,难以兼容。这些问题将导致数据来源不足,使得分析结果存在误差,影响企业管理者及时准确地进行财务决策。因此,企业必须构建完整的数据源管理系统,建立相应的保障机制,保证企业数据收集工作能够长期持续地顺利进行。

2.数据处理方面

数据处理是对原始的结构化、半结构化和非结构化数据进行分析、运算、编辑和整理的过程。目前最先进的大数据处理软件主要有 Hadoop、HPCC(High Performance Computing Cluster)、Storm、Apache Drill、Rapid Miner、Pentaho BI 等。这些大多是分布式处理软件,对结构化数据的收集计算技术已经比较成熟,但对半结构化、非结构化数据的处理技术还存在一定的缺陷,无法将大量的非结构化数据与结构化数据进行有效的统一和整合。目前企业财务决策对于非财务数据表现出更强的依赖性,因此,如何有效处理半结构化和非结构化数据是大数据在财务决策应用过程中要解决的重要问题。

3. 数据分析方面

数据分析是从众多复杂的财务数据和非财务数据中发现有价值的信息，通过提炼、对比等发现数据的内在联系，对未来数据变化进行分析、预测的过程。企业目前主要使用 ODS（Operational Data Store，数据仓储）、DM/DW（Data Mart/Data Warehouse，数据挖掘/数据仓库）、CEP（Complex Event Processing，复杂事件处理）等技术进行分析，非专业操作人员一般利用 OLAP（On-Line Analytic Processing，联机分析处理）进行查询操作。然而，由于数据量的急剧增多和数据类型的复杂性，关系数据库已经无法满足需求，企业需要使用多维数据库来提高数据处理速度，促进自身业务发展。因此，如何建立满足企业财务决策需求的多维数据库以及相关维度的合理设定是当前大数据技术应用过程中亟待完善的问题。

（二）大数据时代下的财务决策新思维

大数据时代下的财务决策是基于云计算平台，将通过互联网、物联网、社会化网络采集到的企业及其相关数据部门的各类数据，经过大数据处理和操作数据仓储（ODS）、联机分析处理（OLAP）、数据挖掘/数据仓库（DM/DW）等数据分析后，得到以企业为核心的相关数据部门的偏好信息，通过高级分析、商业智能、可视发现等决策处理，为企业的成本费用、筹资、投资、资金管理等财务决策提供支撑。在大数据时代下，财务决策需要新思维的产生。

1. 重新审视决策思路和环境

财务决策参与者及相关决策者在大数据时代下依然是企业发展方向的制定者。但是大数据的思想颠覆了传统的依赖于企业管理者的经验和相关理论进行企业决策的模式，拥有数据的规模、活性以及收集、分析、利用数据的能力，将决定企业的核心竞争力。过去，企业的经营分析只局限在简单业务、历史数据的分析基础上，缺乏对客户需求的变化、业务流程的更新等方面的深入分析，导致战略与决策定位不准，存在很大风险。在大数据时代下，企业通过收集和分析大量内部和外部的数据，获取有价值的信息。通过挖掘这些信息，可以预测市场需求，最终将信息转为洞察，从而进行更加智能化的决策分析和判断。

2. 基于数据的服务导向理念

企业生产运作的标准是敏锐快捷地制造产品、提供服务，保证各环节高效运作，使企业成为有机整体，实现更好地发展。企业不断搜集内外部数据，以提高数据的分析和应用能力，将数据转化为精炼信息，并由企业前台传给后台，由后台利用海量数据中蕴藏的信息分析决策。数据在企业前台与后台间、企业横向各部门间、纵向各层级间传输，使得企业运作的各个环节紧紧围绕最具时代价值的信息与决策展开。同样，大数据使得全体员工可以通过移动设备随时随地查阅所需信息，减少了部门之间信息不对称的问题，使企业生产运作紧跟时代步伐，在变化中发展壮大，在社会化媒体中发掘消费者的真正需求，在大数据中挖掘员工和社会公众的创造性。

3. 采用实时数据以减少决策风险

多源异质化的海量数据来源打破了以往会计信息来源单一、估量计算不准确的情况，使企业能够实时地掌握准确的市场情报，获得准确的投资性房地产、交易性金融资产等公允价值信息。同时，"云会计"对数据信息有强大的获取与处理能力，且一直处于不断更新的状态。通过对市场信息的实时监控，可及时更新数据信息，从而保证会计信息的可靠性和及时性，有效避免由信息不畅造成的资金损失。

三、大数据引发的无边界融合式财务管理

（一）大数据时代对财务管理的影响

大数据的"4V"特点对社会有着极大的影响，并且使得社会进行了深刻的变革，财务管理也随之发生一定的改变，财务管理利用大数据的特点找到了自身新的创新驱动力。大数据时代来临时，财务管理不再仅仅局限于财务自身领域的一隅之地，而是可以渗透到各个不同的领域，其中包括了研发、生产、人力资源、销售等不同的领域，可以说，大数据时代的来临使财务管理的影响力扩大且作用范围不断扩大。财务部门的工作从原本的单纯的财务管理活动向数据的收集整理、处理分析方向转变，在未来，财务部门的最大任务可能不再是对金钱和资产的单纯管理，而是向着对各类与财务有关的信息进行分析的方向发展。具体而言，大数据对财务管理的影响主要体现在以下四个方面。

1. 大数据时代使财务信息的处理难度增大

大数据时代的来临使得各种信息以爆炸式的速度发展，并且信息的边界正在逐渐模糊，这使得许多原本不属于财务信息但是的确会对财务造成一定影响的信息逐渐转化为财务信息，进而使得财务信息的数量变得更为庞大，并且种

类也变得更加多样化。因此，以财务信息为工作基础的财务管理工作变得相对困难起来。面对如此庞大且多样化的财务信息，财务信息的处理平台需要扩大并且其所涉猎的范围必须增加。

2.大数据时代使得财务管理的广度和深度发生改变

在大数据时代下，财务管理的管理范围被极大地扩大，除其原来的管理范围之外还管理着很多非财务数据，包括销售信息、研发信息以及人力资源信息。这仅仅是财务管理的广度发生的变化，其在深度方面也发生着变化。其原本只是对大量的结构性信息进行管理，而在大数据时代下，财务管理还必须对一些非结构性信息进行处理和分析，并且因为大数据时代的信息质量较高，所以要求财务管理分析的精准性相应提高。

3.大数据时代使得财务管理的效率得以提升

在大数据时代下，财务信息收集的便利性和大数据对于财务数据分析的精准性，使得财务管理的效率得到了显著提高，很多以往可能需要很久才能够收集并分析出的财务管理论证结果，在大数据时代下可能仅仅需要几个小时，这种几何倍数的效率提升是有目共睹的。

4.大数据时代使得财务管理的风险控制能力得以增强

在大数据时代下，企业在作重大决定时，可以通过对相关数据进行深度挖掘，减少一些常识性错误以及可预估性错误的发生，从而使企业发生系统性财务风险的概率大大降低，并且由于大数据的存在，企业对未来的预测变得更加精准。

（二）无边界融合式财务管理的含义

随着信息技术的进步和管理理念的发展，企业的内外部边界在不断扩展，财务管理的内涵和外延也在不断扩大。在大数据时代下，企业的所有部门都必须根据新环境的变化进行调整甚至变革，财务管理也不例外，将体现出多部门、多领域、多学科融合的特点。

企业根据产品和市场不同细分为多个业务单元，决策者如何有效地进行资源配置，很难通过经验来判断，最终还要依赖于数据分析。大数据是根据大量真实的最新业务数据进行计算预测，在加工处理信息上利用独特优势，能够有效进行数据挖掘，帮助企业根据自身需求定制财务决策支持系统，对企业进行科学合理的决策建议。借助大数据实现财务信息与非财务信息的融合后，财务决策过程将更加科学合理，避免了单纯依靠财务信息决策带来的不可控风险。此外，大数据的便捷性也使得财务信息的提取更加智能化，其能够充分挖掘潜在信息辅助决策，将资源更好地配置在优势增长领域，提高财务处理效率。

无边界管理理念并不是指企业真的没有边界，而是强调组织各种边界的有机性和渗透性，以谋求企业对外部环境的改变能够作出敏捷并具有创造力的反应。无边界融合式财务管理是以企业战略为先导，强调财务以一种无边界的主动管理意识，突破现有工作框架和模式，在价值链的各个环节进行财务理念的沟通与传导，形成财务与其他各个部门的融合，促进企业整体价值可持续增长的财务管理模式。无边界融合式财务管理通过将财务理念渗透到生产经营的各个环节，使信息沟通能打破部门和专业的壁垒，提高整个组织信息传递、扩散和渗透的能力，实现企业资源的最优化配置及价值的最大化创造。

企业组织中主要存在垂直边界、水平边界、外部边界、地理边界等四种类型的边界，这四种边界将对组织职能的实现造成阻碍。要实现无边界融合式财务管理，必须打破财务管理的这四种边界，然而需要注意的是，此处提到的打破并不是指消除所有边界，而是要推倒那些妨碍财务管理的藩篱，具体内容如下。

1. 打破财务管理的垂直边界

财务管理的垂直边界是指组织内部严格的管理层次。传统的财务管理组织架构普遍具有严格的内部等级制度，界定了不同的职责、职位和职权，容易造成信息传递失真和响应时间迟滞。无边界财务管理则要求突破僵化的定位，采用一种部门内部的团队模式，上下级之间彼此信任、相互尊重，力争最大限度地发挥所有成员的能力。此外，减少财务部门的管理层次、实现组织的扁平化管理、建立富有弹性的员工关系、营造创新的文化氛围等都是打破财务管理垂直边界的路径。

2. 打破财务管理的水平边界

财务管理的水平边界是指财务部门与其他部门之间的分界线。现代企业的组织结构往往围绕专业来安排，如分成研发部、制造部、销售部、财务部、人力资源部等。在严格的水平边界下，由于每个职能部门有其特有的目标和方向，都在各自的领域内行使职责，久而久之各个职能部门可能会更多地考虑本部门的利益而忽视企业的整体目标，甚至会因为互相争夺资源而内耗不断。无边界模式下的财务管理则强调突破各个职能部门之间的边界，使财务部门与其他部门互通信息，实现企业价值链和财务链的同步。例如，构建不同部门间的工作团队、进行工作岗位轮换等都是对打破水平边界的有益尝试。

3. 打破财务管理的外部边界

自20世纪早期以来，价值链上的大多数企业都一直从独立、分割的角度看待自己的地位，企业间更多的是斗争而非合作。如今，战略联盟、合作伙伴以及合资经营的发展速度大大超过了以往任何时候，企业单凭自身的力量已经很难在市场中竞争。作为企业信息管理最重要的部门，财务管理不能只局限于企业内部分析，还要将财务管理的边界进行外部扩展，实现价值链上的财务整合。例如，将相关企业的信息变动纳入财务管理系统，为产业链上的供应商和客户提供财务培训的帮助，与合作伙伴共享信息、共担风险。

4. 打破财务管理的地理边界

随着企业规模的扩大和全球化进程的加快，企业各个分部的地理位置越来越分散，财务部门的分散也随之形成。作为整体战略和节约成本的需要，要打破各个地区的财务边界，形成新的财务管理模式——财务共享服务，将企业各业务单位分散进行的某些重复性财务业务整合到共享服务中心进行处理，促使企业将有限的资源和精力专注于核心业务，创建和保持长期的竞争优势。

（三）无边界融合式财务管理的创新

1. 价值链财务管理理念

在价值链管理体系中，一个应用价值链财务管理理念的企业其实处在一个核心区域，以自身为中心向左右与上下延伸，上可以延伸到企业的最初供应商，下则到了企业的客户，左延伸到了企业的事前决策，右延伸到了企业的事后评估。这种上下左右全范围的价值链理念会计管理会使得企业与价值链当中的企业共同获利、实现一种双赢，与此同时，企业本身的事前决策与事后评估变得更加精准明确。在这里要说明的是，这种价值链理论的存在使得企业的营业目标发生了改变，原本企业的价值目标通常都是以利润最大化为前提的，而如今却变为了价值最大化，这一转变对于企业而言尤其是中国企业而言是极为重要的。它能使企业在进行各类决策时多考虑其价值而非其利润，使得企业的目光更加长远而非局限于一时。这种价值链理念使得财务管理的职权范围得到了空前的提升，其从通常的内部管理变为了一种可以直接影响企业决策的管理活动。

2.业财融合下的财务管理体系

实际上价值链财务管理理念本身就是一种促进业财融合的手段。业务和财务进行融合,并非单纯地将财务人员派遣到业务部门,而是一种结合业务知识与人才培养来重新塑造财务体系与财务流程的方法,这是一种对业务全流程进行财务管理的手段,这样的手段一方面可以降低财务风险,另一方面可使企业在做决策时通过业财联动来获取相关的管理信息,从而做出更加精准的决策。总体来说,业财融合包括了业务流程的全面财务管理,公司决策的业财信息提供以及合理有效的绩效考核机制。

第二节 大数据时代下的企业运营

一、大数据时代下企业管理模式的创新

(一)企业管理者要充分意识到数据管理的重要性

资产数据已经成为企业资产体系中的核心部分,企业的数据管理方式得到深化,同时数据管理也是企业竞争的重要领域。企业数据管理重心逐步倾向于数据资产领域。当前数据资产管理效率将成为影响企业经营效益的主要因素,二者成正比关系,这点在互联网思维型企业中体现得更为明显。在这些企业中,数据资产竞争尤为激烈,它在整体效益中的影响比重达到36.8%。原本数据资产管理效率仅仅通过间接的方式给企业发展带来微弱影响,但如今其已成为直接影响因素。科学管理数据资源,有助于增强企业资源配置的合理性。在数字化管理模式的推动下,企业更全面地了解资源状况,在此基础上进行合理的资源规划,通过系统中的数据便可呈现出资源分布特性,而后,管理者以此为指导制定出更科学、高效、可行的资源配置方案,有效改变了资源配置不合理问题,明显提升了资源利用率。具体来说,在数据化管理系统的支持下,企业可分析顾客的偏好情况与消费行为,预测顾客所处工作领域与个人消费能力方面的信息,综合考虑产品性价比与服务质量,推出适用于顾客的营销方案。除此之外,

基于数据化管理系统,还可实现提取数据并高效分析,针对不同的客户推出最合适的商品,达到精准化营销的效果。

(二)利用大数据进行市场环境分析

企业管理工作中还要注重对市场环境的分析,这也是企业战略管理的关键环节,是主导企业发展水平的重要因素,为企业可持续发展助力。传统的市场环境分析存在信息滞后的问题,信息分析结果虽然可行,但难以跟上市场发展的步伐。预测是大数据的主要功能,基于数据预测的方式可提升企业策略的可行性、控制发展成本、了解客户并维系稳定关系,还能够筛选出具有利用价值的商业信息,提升企业市场竞争力。基于对数据的整理,创造高品质服务,更为精准地挖掘潜在客户,有利于企业占据较大市场份额。

(三)加强数据管理人才的培养

在经济新常态下,企业的发展更要突破传统方式的束缚,高素质数据管理团队的建设工作至关重要,这也意味着大数据人才需求量将持续增加。企业改变固有的管理模式并非易事,管理者应持续加大管理模式的创新力度,创建出基于大数据管理的高素质人才队伍。首先,最为基础的便是向外界引入相关人才,给队伍注入灵魂;其次,便是培养内部数据管理人才,为具备潜质的人员提供学习机会,持续增强人员的专业素质,汇聚出更强大的大数据人才队伍。企业基于内外部相结合的方式,可以全方位地扩展大数据人才队伍,做好对数据的分析与管理工作,使其成为企业发展的关键软实力。

(四)突破因循守旧管理模式的束缚

受大数据的影响,老一套的管理模式逐步表现出不适应问题,无法满足现代企业管理提出的各类需求。基于此,现代企业必须注重对管理模式的优化,突破固有思想的束缚,探索出全新的管理措施,巧妙地将大数据融入管理工作中,保障企业管理质量,推动企业创建出适应当前时代背景的发展战略。不仅如此,企业还要做好对大数据资料的收集工作,综合考虑企业实际发展数据,以合理方式将两类数据融合起来,创造更高的经济效益,为企业发展助力。

除了对自身发展数据的分析,企业还要将目光锁定在同行企业中,获取竞争者的发展数据,并与市场数据进行全方位比对,经此途径探索出可行的管理方式。企业还要懂得灵活应用数据技术,这也是企业制定发展战略的关键手段,有助于企业稳定市场份额,提升在行业内的知名度,与社会发展需求相契合,在面对现代化发展浪潮时,有足够的实力乘风破浪,创造比以往更良好的经济效益,引导企业走可持续发展之路。

二、大数据在新型企业运营监控中应用的意义

(一)满足企业发展的需求

在大数据时代下,新型企业通过对客户数据的分析可以更好地了解客户的需求,并根据客户的实际需求进行产品生产和定位,满足客户的需求,进而提高企业的经济效益和社会地位。企业可以设置产品评价平台,让客户在平台上发表产品使用之后的感受和评价,这样的方式比传统调查形式更加直接,也更具真实性。企业可以对客户的评价和反馈进行整理分析,如果发现产品存在问题,企业管理者需要详细分析问题存在的原因,并针对存在的问题及时采取调整对策。在企业传统管理模式下,企业重大事件均由管理者决策监控。在大数据模式下,企业管理者的权力被弱化,企业员工成为重大事件的决策者,企业员工可以在企业管理平台上发表自己的意见和想法,管理者可以整理员工意见,并整合成大数据进行研究分析,从中提取对新型企业发展有用的数据信息。

(二)合理把握行业数据

在大数据时代下,行业数据的利用率不断提高。新型企业可以在企业内部建立数据化系统,保证数据信息的真实性和可靠性,并在第一时间获取行业数据信息,紧跟时代脚步。除此之外,企业也可以通过数据平台把企业的信息发布出去,实现数据资源的共享,提升企业的服务质量。企业可以利用数据平台对市场上同类产品的价格进行分析监控,并分析企业产品的优势和弱势,并进行产品优化,满足不同层次客户的需求。

三、大数据时代下新型企业运营监控手段

(一)加强管理人员培训

如今,新型企业管理人员和数据技术人员的专业水平和综合素质对企业运营监控成效有很大影响。但是,从新型企业现有人员结构来看,企业内部缺乏专业的数据技术人员。在大数据时代,数据技术人员需要掌握以下能力:一是市场营销知识;二是信息处理技术;三是运营管理知识。随着企业的快速发展,

数据技术人员的重要性日益凸显，其从属于企业的IT部门，被越来越多的人认可。通过对数据整合和分析可以实现社会和新型企业的对接。数据技术人员可以帮助企业管理者合理制定管理方案，提高企业的管理水平。但是，要想提高数据技术人员的专业水平和综合素质，企业必须加强数据技术人员培训，加大人员培训方面的资金投入。人员培训的方式有两种：一种是派遣数据技术人员外出学习，另一种是邀请专业人士来企业举办座谈会，新型企业数据技术人员可以互相交流工作经验，丰富自己的知识储备。企业还要在数据技术人员内部设置奖励机制，对表现优秀的数据技术人员给予一定的物质奖励和精神奖励，提高数据技术人员的工作积极性和热情。

（二）加强新型企业运营监控管理

在大数据时代下，新型企业不仅要掌握处理基础信息的能力，还要掌握处理非固定数据信息的能力，搭建非结构数据信息平台。非结构数据信息平台包括以下内容：一是社交媒体；二是文本；三是影像。其能够帮助企业更合理地分析市场行情，了解用户需求。非结构数据信息平台可以兼容各种数据，扩大企业的业务范围。

（三）建立网络系统

在大数据时代下，新型企业可以搭建网络系统，整合企业数据信息，利用大数据的新功能来调整企业管理模式。

第三节 大数据时代下财务共享服务中心和优化创新研究

一、国内外财务共享研究

（一）财务共享服务含义

国外学者普遍认为财务共享服务衍生于共享服务理论，摩勒（1997）首次提出"共享服务中心"一词,他认为"如果一个企业的组织结构非常复杂,具有大量的分支机构——子公司、分公司、工厂以及业务部门,这个企业可以构建共享服务中心,通过其与分支机构签订正式的或者非正式的协议,有偿地向这些服务对象提供统一的业务支持,他们签订的特定条款被统称为服务水平协议(SLA)"。他认为共享的核心即是在企业提供服务时,将企业的人力、技术等资源共享给其他业务流程高度相似的子单元,使得企业能从分散的管理中减少成本,获取竞争优势。

芭芭拉·奎因(Barbara Quinn)是共享服务理论研究的创始人,她认为,"共享服务是一种新型的商业模式:商业=服务收费+客户为中心。客户为中心意味着只有拥有明确的客户群体,企业后台部门才能持续稳定运作。公司的后台支持部门必须以客户需求为导向,并根据其接受服务时愿意承担的价格,提供具有针对性的服务"。这一认识准确地总结了财务共享服务中心的核心理念。

沃尔夫冈·贝克尔等人也提出自己对共享服务的看法,认为共享服务是"通过向企业内部各部门提供集中共享的服务,降低企业的运营成本"。目前,就国外共享服务的研究而言,共享服务是一个通过整合或合并企业的各项业务,统一处理,并为企业各业务单元依据服务水平协议提供有偿服务的独立组织实体。

张瑞君等认为,财务共享服务建立在组织结构的深层次改革之上。组织结构的变革体现在独立核算的财务组织被分离出去,并与分公司的财务组织合并形成财务服务中心,由其处理企业所有成员单位流程化、标准化的业务,从而实现企业财务的集中核算和管理。

陈虎、孙彦丛等则认为财务共享服务是一种可以有效地整合企业一个或多个地区的人力资源和技术资源,使得企业的财务处理流程更加标准和精简的新型财务管理模式。

综合国外学者对共享服务的认识以及国内的理论成果,本书认为财务共享服务是指企业或集团将大量重复,并能够很简单地实现标准化、流程化的基础会计业务从企业的业务部门中剥离出归集到一个独立运营的组织实体——财务共享服务中心,由其进行流程再造、标准化、集中处理,从而提升整体业务处理效率,降低运行成本,增加企业价值,最终提高企业财务管理水平的一种作业管理模式。

（二）财务共享服务应用优势

国外学者在研究时通常偏好采用数据分析的方式来分析评价财务共享服务运用后的实施效果，其关于财务共享服务应用优势也有着丰富的理论研究。

张瑞君等结合财务管理流程再造理论，从流程、技术、组织、绩效考核四个维度详细介绍了财务共享服务变革与发展过程，并指出构建财务共享模式时可能会遇到的问题，分析指出作为独立经营的组织实体，财务共享服务中心能够将企业的各项重复的基础性会计业务集中起来，再重新整合配置，使企业能够在大幅降低运营成本的同时，全面提升整体运营效率和服务质量水平。

李赛娟构建了基于企业资源计划系统（ERP系统）的财务共享服务中心体系，这种体系下的财务共享服务中心结构包含应用平台、审核平台、通知平台和接口平台四个层次，其针对这四个层次设计了相应的工作流程；而后，其提出共享服务能够促进财务职能灵活度的提升，建立财务共享中心可以整合公司中各个业务单元的财务，完善企业的财务制度，节约成本以及提高效率。

（三）财务共享服务实施的关键因素

关于这一方面研究，国外学者进行了多角度、多渠道的探索，从风险控制的角度出发，认为"财务共享服务在实施过程中应注重的关键因素在于企业文化的建设、知识管理水平的提高、业务流程的规范化和绩效考核的定期实施，特别在企业文化建设中，企业的战略目标应与客户需求目标达成一致，增强员工的责任感和使命感"。

哈佛大学教授布莱恩·柏格伦从一个全新的角度来阐释，他将财务服务共享中心视为一个"业务价值链"，这样就能采用价值链模型理论来分析财务服务共享中心的流程再造。他提出，共享服务模式对所有企业而言并非完美无缺，其成功实施的关键在于服务质量的控制以及加强集团内部管理。

马丁通过在因特网上发放关于财务共享服务的调查问卷的方式来收集数据，归类整理后利用数理统计中的回归分析法对假设因素进行显著性检验，据此总结出财务共享服务成功实施的六大关键因素，即共享中心的办公选址、战略定位、业务流程管理、模式转变、组织结构及与客户签订的服务水平协议。

于尔根·福格尔认为企业的日常经营中会遇到很多难题，企业应该专注于核心能力，如提高对外销售的产品质量或提升服务水平，而不应该聚焦在财务管理或者是信息技术应用方面，偏离企业管理重心。

国内的研究多基于企业构建的实际案例，张育强通过分析财务共享服务中心的具体业务流程和管理控制效果,得出结论:财务共享服务中心实施的关键因素在于组织定位、风险预防管控等方面。

杨雅莉认为,实施财务共享服务的关键因素在于五个方面,加强全面预算管理、资产管理、风险管理、信息化建设,优化资本结构和融资方式。

国内外关于财务共享服务实施的关键因素研究由于角度不同,所得出的结论也各不相同,由此,尽管财务共享服务的构建中一直强调标准化,但不同行业领域的特征决定了其实施路径的差异,对于中国境内企业,在实施财务共享服务的过程中,应结合企业实际情况,做好调查研究,抓好关键,才能在服务中心的建设中获得成功。

二、企业财务共享服务中心理论

共享服务模式是一种通过向企业内部的客户提供专业、统一、高效、标准化的服务,从而进行流程重组和再造,最终实现企业的资源整合、效率提高、成本降低,为企业创造更多的价值和服务的运作模式。

共享服务起源于这样一个目的:满足拥有多个成员单位的企业集团形成规模经济效益,通过将各个不同的组织实体中专业性的业务剥离出来,形成一个独立的业务单元进行管理并提供有偿服务。这种模式能有效地对企业的业务进行重组,整合资源,从而达到降低运营成本、增加企业价值的目的。共享服务被应用于财务管理、人力资源管理、网络管理等多个方面,其中财务管理方面是共享服务中应用得最为广泛的领域。

(一)资源配置理论

资源配置理论认为企业应当通过合理的方式将有限的资源分配到各个业务部门中去,实现资源的最佳利用——用最少的资源,创造最大的价值,其实质在于企业的劳动总时间在各个业务部分的分配,而共享服务的目的在于将资源共享给每个业务单元并集中为其提供服务,这一目的和实现方式符合资源配置理论的要求。

传统财务管理模式下,企业资源分散,而且重复利用的情况比较突出。如何将不能创造价值或有效创造价值的资源整合起来?财务共享服务模式的出现解决了这一问题,它通过共享服务中心来处理不同经济实体的会计记账、报告等相关业务,从而保证会计记录结构的统一、报告的规范,同时不需要企业集团中每一个部门、子公司、分公司都设立相关的会计核算岗位,这样可以大大地节约人力资源和时间成本,提高企业的经济效率。把财务管理放到财务共享的服务中心进行具体的运作和处理,减轻了各个业务部门的工作任务。具体的业务部门只需要做好营销计划、采购供应计划等相关工作,而不用分散精力投入到业务处理和财务管理工作,这样可以极大地提高业务部门的工作效率,使其专注于提升核心竞争力。

(二)规模经济理论

作为经济学的基本理论之一,规模经济理论也是财务共享服务中心创建的理论基础。规模经济理论是亚当·斯密首先提出的,主要指的是在一个特定的期间,企业如果生产出的产品的绝对量过多,供大于求,那么企业的单位成本就会下降,企业就必须要通过扩大生产经营规模来不断地降低产品的平均成本,提高产品的利润。其原理有以下三个方面:第一,生产出的产品越多,那么分摊到产品上的成本就将越少;第二,如果在生产过程中,劳动者把注意力集中在每一个项目上,那么他对这个项目的运用的操作熟练程度将会不断增加;第三,产品的存货量越大,经济性也就越大。

规模经济的形成可以通过两种途径:内部规模经济和外部规模经济。前者通过对企业内部的资源进行有效整合和优化配置来提高经营效率,后者通过企业与企业之间的合理布局和分工来提高经营效率。财务服务共享模式也是通过向企业内部的客户提供专业、统一、高效、标准化的服务,进行流程重组和再造,最终实现企业的资源整合、效率提高、成本降低,为企业创造更多的价值和服务的运作模式。

规模经济理论与财务共享服务中心的目的不谋而合,都是为了节约更多的企业成本,集中相关的工作业务,通过网络信息技术实现快节奏的工作,提高经营效率。

(三)业务流程再造理论

很多大型的集团企业为了适应不断发展的市场经济,不得不提出了很多求生存、促发展的战略决策,迈克尔·哈默的BPR(Business Process Reengineering,业务流程再造)思想就是在这种情形下提出的,他强调要用变革性的思想和策略来改变和适应经济社会的发展,即通过标准化的流程把复杂的程序和事情分解为一个个独立的而又相互联系的标准的业务,当有新的流程发起后,流程管理员可以根据发起的流程需求迅速地分析流程的归类,并通过信息系统归类到需求的服务流程种类中。

流程再造的核心是为了客户的满意度而重置业务流程，其核心思想是打破企业传统的管理方式——按照业务职能设置部门，取而代之的则是以业务流程为中心重新设计企业组织形式。其原理是从企业发展全局的角度去审视具体的业务流程，从而实现企业的全局最优而非个别的最优。这也就是财务共享服务中心可以高效地完成任务，使企业达到规模经济效应的原因。

三、财务共享服务模式与传统财务管理模式

随着信息技术的迅猛发展，集团企业也随之壮大，越来越多的企业逐渐专注于财务管理的专业化和标准化，而过去很多集团企业由于经营业务的广泛性、资源的分散性，很多子公司或者分公司在管理的过程中各自为政，在业务的开展过程中相互脱节，导致集团企业在管理过程中的成本越来越高，这就使集团企业对现代财务管理模式有了更高的要求，因此，企业如果要在日趋复杂多变的市场经济环境中保留一席之地，就应该结合企业的实际情况，探索一种符合现今经济社会发展规律和企业集团发展战略的财务管理模式。

（一）传统财务管理模式

财务管理模式的变革促进了财务共享服务模式的萌芽，而信息技术的蓬勃发展使其不断升级。作为财务管理的对象，财务日常的经营活动通过会计核算中的收集和处理财务数据来体现，如图5-1所示，财务数据的处理随着信息技术的发展经过了手工处理阶段、电算化处理阶段以及网络处理阶段。

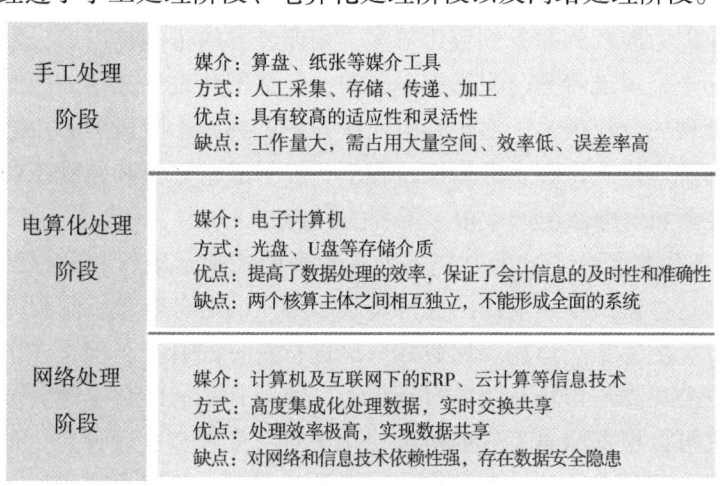

手工处理阶段	媒介：算盘、纸张等媒介工具 方式：人工采集、存储、传递、加工 优点：具有较高的适应性和灵活性 缺点：工作量大，需占用大量空间、效率低、误差率高
电算化处理阶段	媒介：电子计算机 方式：光盘、U盘等存储介质 优点：提高了数据处理的效率，保证了会计信息的及时性和准确性 缺点：两个核算主体之间相互独立，不能形成全面的系统
网络处理阶段	媒介：计算机及互联网下的ERP、云计算等信息技术 方式：高度集成化处理数据，实时交换共享 优点：处理效率极高，实现数据共享 缺点：对网络和信息技术依赖性强，存在数据安全隐患

图 5-1　财务数据处理阶段

随着财务数据处理方式的变化,财务管理模式也发生了变革,经历了"财务管理集权型模式""财务管理分权型模式""财务管理集权和分权结合的复合模式""财务共享服务模式"四个阶段。

(1)在集权型模式下处于金字塔结构顶层的总部对集团的整个财务管理权进行统一的管理和控制、预算和决策,在整个财务管控的过程中,财务总部就是财务决策的中心,决定着整个企业的人、财、产、物、供、销等的统一控制和调配,对整个企业的资本的筹集、资本的收益分配、资本的投资、资产的重组、资金的调配、财务工作人员的选聘和解聘等都进行统一的管理。而下属部门、分公司、子公司在财务方面都没有自己的决定权,所有的决策和预算都按照总部的规定来执行。

这种财务管理集权型的模式,在过去计划经济时代对企业的发展起到了重要作用,但是随着市场经济的不断发展,企业现代化制度不断健全和完善,这种总部高度集权的自上而下的财务管控模式,也日益地显露出一些弊端。

(2)财务管理分权型模式就是总部集团对整个企业集团的财务管理只负责前期的总体的财务战略规划、对财务使用过程中的合规性进行监管以及后期的财务利润的实现,而把更多的财务管理决策权下放到各个部门、子公司、分公司,各个部门、子公司、分公司在财务收支、财务调配、资本融入及投出、资本收益分配、员工福利分配、员工奖金薪酬以及财务工作人员选聘和解聘等方面都具有充分的管理权和决策权,而且还可以根据瞬息万变的市场环境和供需变化来决定一些重大的财务投资与决策。

财务管理分权型的模式是比较适合大型的财团企业的管控模式,很多大型的财团企业因为涉及的业务领域比较多,企业经营的范围比较广,发布的区域比较广,其子公司或者分公司都有自己的业务范围和发展战略,因而比较适合采用财务管理的分权模式,这也是财团法人发展到一个阶段的必由之路。但是过于分权的管理模式,在企业发展过程中,如果战略管控和监管不到位,也会对企业的经营和财务状况产生很多不利的影响。

(3)现代集团公司比较常用的财务管理模式则是集权和分权结合的复合型模式,在这种模式下,集团的总部将整个集团的财务管理在集权基础上适当分权,把资金的筹集、运用、回收和分配进行统一的管控,但是在下属部门、子公司、分公司参与市场竞争的过程中,又给予其一定的自主的资金管控和调配权,使其可以根据瞬息万变的市场变化来对财务资金进行管控,是一种自下而上的多层决策的财务集权管控模式。通常情况下,集团总部主要在财务的战略规划和决策方面进行严格的管控，高度的集权，而对于下属部门、分公司、子公司的具体财务管理和运作则实行分权管控，把管理权和决策权下放到具体业务部门的管理部门，但是在结果方面会进行严格的监管，对结果管控和监管实行集权，对过程和具体运营实现分权，使之经营战略目标不脱离集团总公司的战略规划，并且实现企业利润最大化。

（二）共享服务模式与传统管理模式比较

传统的财务管理模式在企业发展过程中逐渐凸显出一些问题，因此很多集团企业对财务管理模式提出了更高的要求，并不断地进行探索和创新。由此，财务共享服务的出现引起各企业集团的广泛关注。

财务共享服务建立在高度发达的信息技术基础之上，它通过业务流程再造和标准化的管理，将集团内部各个核算主体分散处理的财务业务统一进行处理，为其客户提供共享服务，从而提高工作效率和工作质量，有效地控制企业的财务风险，降低企业管理的成本，使企业可以更加关注其核心价值业务，增强企业的竞争力。

表 5-1 财务管理模式差异对比表

财务管理模式	时代背景	优点	缺点
集权模式	计划经济时代	1. 整体资源易于实现优势互补，资源配置合理 2. 加强集团管控力度，充分展现规模效益	1. 分公司缺乏参与管理的积极性 2. 不利于集团的整体规划和长远发展
分权模式	市场经济时代初期	1. 有利于提高员工参与管理的积极性 2. 有效增加集团的经济效益	1. 不利于协同效应发挥 2. 战略落实困难
集权和分权结合的复合模式	飞速发展中的市场经济时代	克服了极端集权或分权的不足	1. 集权与分权的程度和范围较难把握 2. 受限于集权、分权的效益和成本
财务共享服务模式	大数据时代	流程化，标准化，高效率，低成本	1. 可能导致权责不明确 2. 依赖网络和信息技术支撑 3. 存在数据安全风险

如表 5-1 所示，与传统的财务管理模式相比，财务共享管理模式具有业务一体化、核算处理集中化、业务流程标准化、信息技术高度化、内部服务外部化、

业务处理高效化等特点。财务共享模式比集权型模式更注重各业务单位的需求，而非仅仅以集团整体需求为导向，这使得集团组织结构更为紧密，增强了企业的凝聚力和协同效应，此外，其员工和业务流程也更为精简；而相较分权型模式，由于财务共享服务中心拥有统一的标准规则，其运行成本更低，再者，财务共享服务模式的关注重点更多的在于财务信息的决策分析和战略支持，符合会计领域会计职能的变革趋势——由财务会计向管理会计转型，如图 5-2 财务管理职能转变对比图所示。

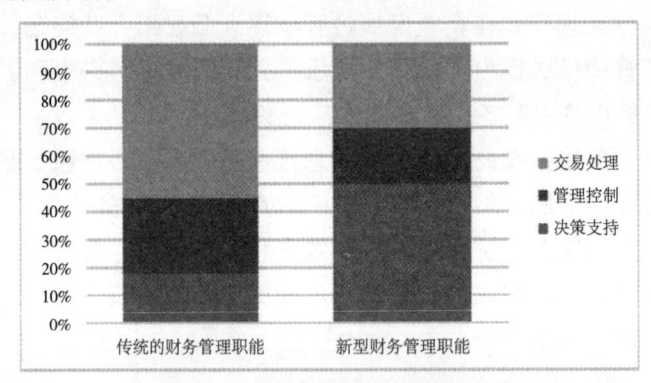

图 5-2 财务管理职能转变对比图

现在大多数企业集团都采用的是集权和分权相结合的管理模式，在这种模式下，为了加强对下属单位的管控，多采用会计集中核算方式进行会计处理。这种方式和财务共享服务模式不能混为一谈，两者之间存在着很多差异，其区别如表 5-2 所示。

表 5-2　会计集中核算与财务共享服务的区别

区别名称	会计集中核算	财务共享服务
目的	集中控制，降低成本	降低成本，提高效率，标准化，资源整合配置
流程标准是否变化	原流程，原标准	一致的流程、标准、系统和模式
核算方式	简单地进行集中	流程再造与优化
需求导向	管理层的管控	以顾客需求为中心
职能	事务处理者	服务提供者
是否具有选择权	业务单元无选择权	客户有选择权
是否参与监督	业务单元不参与监督	客户可参与服务质量监督
选址	一般设立在公司总部	不一定选址在公司总部

由于会计集中核算的实质是企业战略，其目的侧重于资源的集中，以便企业控制管理，进而起到降低成本的作用，而财务共享服务是一种以顾客需求为导向的商业经营模式，它需要和顾客签订详细的服务水平协议，约定按多少酬劳提供高质量服务，以收入抵减成本；顾客可以根据其所提供服务质量高低选择是否采用服务。而集中核算是企业的高级管理层制定的战略手段，业务部门只能强制执行。

（三）大数据时代对财务共享服务的影响

企业将大数据和分析引入运营，利用分析从数据中找到有价值的商业机会，进而引导决策，以提高市场的投资报酬率，将从数据中观察到的有效信息转变成让顾客满意十足的产品，或是设计以客户满意度为导向的营销方案，最终使这些产品成为市场宠儿，使营销方案能够有效实施。高价值的数据等待着被企业挖掘出来并在市场上发挥营销领跑的作用。

财务共享服务中心集中了企业集团内部的各个业务单元的财务数据信息，并进行了有效的集中和整合，但这种集中化、规范化的运作模式所产生的业务量规模巨大，并且这一点会随着企业全球化发展战略而更加凸显，所以在大数据时代下，基于新的大数据技术和思维，财务共享服务中心有了新的发展方向，大数据技术的有效运用将会在财务共享服务领域发挥积极作用。

1. 促进流程优化

企业在拓宽业务范围，进行组织机构改革，或者有了新的战略目标定位时，其业务流程都会受到影响，因而财务共享服务中心的业务流程优化不能只争朝夕，而应随着企业重大决策的变化持续进行。共享中心根据用户偏好整理业务需求，从而发现业务中存在的问题和需要改进的方面，详细设定新的流程进行测试、试运行，最后在整个中心中执行，积累新的数据，然后继续分析，发现流程中存在的问题，进而优化……这一循环往复的过程堪比网络企业优化产品服务，同样是根据大量客户数据提升产品服务质量，其区别在于财务服务中心的流程优化分析的数据量较少，其需求和问题分析由专业财务人员和流程专家在监控整个运营过程中凭借少量数据和丰富经验完成。由此，财务共享服务得以广泛运用后，其采集的数据量越来越大，可以通过数据分析的方式更精确地发现问题，进而优化改进流程，还可以为同行业甚至其他行业的客户提供外包财务服务，这样一来，其采集的行业性整体数据会更加庞大，更具有代表性。

2.有利于抓住商业机遇

财务共享服务的经营目的从"共享服务缩减成本"逐步转变为"共享服务赢得利润",独立经营的共享服务中心可以面向市场提供专业的共享服务,进入市场竞争的财务共享服务中心如果掌握了大数据分析能力,可以赢得客户偏好,持续提高服务质量水平,抓住商业机遇,增强市场竞争力。财务共享服务中心的职能不只是提供具体的业务集中服务,还可以为客户提供财务管理、咨询等高价值的深度服务。大数据信息技术在共享中心中的有效应用,可以解决管理会计某些资源配置计划以及财务决策分析中难以集中共享的难题。通过数据仓库、人工智能等技术的加持,财务共享服务中心平台还可以在提供基础性会计核算业务的同时,向客户集中提供全面预算管理、财务信息整合分析等服务。

云计算技术使得实体财务共享服务可以转化为虚拟的云端机构,其运作不再受到时间和地域限制。在经济全球化的今天,共享服务中心可以通过有效分析在运作过程中获取的海量数据,提炼潜藏的内在信息,获取巨大的商业价值。

四、HX 公司财务共享服务中心建设

(一)建设背景

HX 公司作为国内大型的药品零售集团,在发展过程中,一方面受到外部经营环境的影响,另一方面其自身在规模扩张的同时产生了各种问题。这时集团的管理效率尤其是财务管理效率亟待提高,由此开启了财务共享服务中心的建设之路。

1.行业背景

药品销售行业效益下降,企业战略定位为持续扩张规模。自 2005 年以来,面对新常态下复杂多变的经济形势和日益加剧的市场竞争,我国医药流通行业一直处于高位平稳运行状态,一方面,中国加入 WTO 后,市场的进一步开放使得国外的战略投资者进入医药市场,导致国际性竞争压力越来越大;另一方面,医药行业新政策的实施造成了行业内大洗牌,深化医疗改革使得药品价格持续走低。

自 1995 年起,医药行业就已进入效益型增长阶段,由于医药行业受政策影响很大,行业发展和市场前景存在很多不稳定因素,后来医药行业继续呈现

平稳运行、增长艰难、效益下降的态势，这一阶段的医药行业想要打破瓶颈，应以并购作为主要的投融资活动，继续规模扩张。

财务共享服务中心可以将企业的后台支持服务集中到共享服务中心进行处理，如果企业建有财务共享服务中心，那么企业为了扩大规模进行并购重组时，不必为新业务及新的业务单元建立财务支持服务职能，这样一来既可以大幅降低兼并的管控难度，又促进了新业务的快速整合。因此，HX公司想要在行业发展前景不稳定的形式下保持规模扩张，提出了构建财务共享服务中心的设想。

2.内在需求

HX公司加速规模扩张，进一步推进区域发展战略，紧随城镇化浪潮，将门店扩大到乡镇一级，开拓并加强西南内陆、沿海省份以及直辖市的发展力度，增加布局密度，扩大市场占有率，在国内各省市全面布局。

如图5-3所示，HX公司采用分散型财务管理模式，公司所有子公司、分公司的财务部门相互独立，通过各分支机构独立进行核算。分、子公司由于所在地不同，根据不同的地方财税政策进行财务管理，提供业务支持，并定期向公司总部汇报。分支机构的财务部门分别设有出纳、门店会计、税务会计、财务经理等岗位，门店会计需要处理日常会计事务，负责提供会计报告、财务报表等事宜，而税务会计必须跟踪所有门店的税务事项。

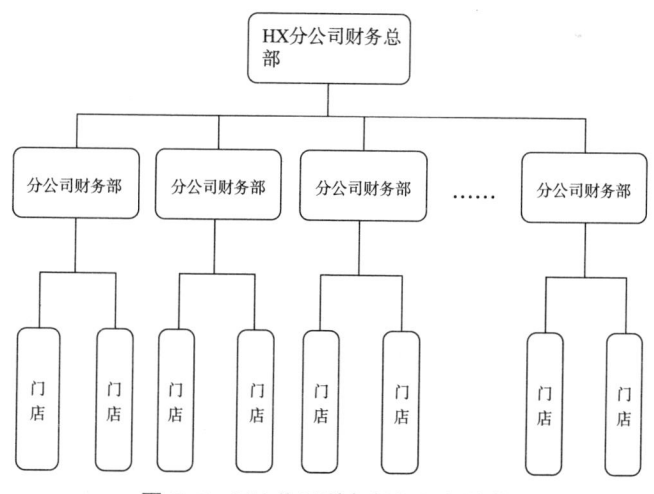

图5-3 HX公司财务部门组织结构

由于HX公司组织结构的分散性，在每一个分支机构都必须重复设置财务职能部门进行交易性事务处理，这样一来，公司管理和财务管理都将面临很多问题。

（1）加大了集团的管控难度。下属机构的财务管理、人力资源管理、资源配置等各自为政，标准化执行难度很大；分支机构在层层传递会计信息时也容易产生差错，导致财务信息失真，可比性差，难以评价其是否执行了总部的政策和战略。例如，HX公司在年度投资总结时，总部往往要投入大量的时间来反复确认机构提供的经营数据，才能最终确认各分支机构的业绩情况。

（2）重复的财务部门势必需要大量的会计核算人员，这导致公司的人力成本增加。

（3）冗繁的业务流程和资源配置的不合理使得公司经营质量和效率低下。财务人员无法形成专业化分工，效率不高，对财务信息的价值关注和贡献很小，财务运作对公司的战略支持力度较低。HX公司70%的人力和时间都用于基础性事务处理，无法对决策和战略制定提供有效支持。

（二）HX公司财务共享服务中心运营

1. 财务共享服务中心组织结构

HX公司在建设财务共享服务中心的过程中借鉴了国内外先驱企业在财务共享服务中心建设的先进经验，自2007年，公司管理层提出建设构想以来，依托公司战略目标，耗费大量时间逐步完成论证与规划、实施与建设过程。

财务共享服务中心的建设使得HX公司的财务管理从地区管理转型为职能管理。其组织结构如图5-4所示。

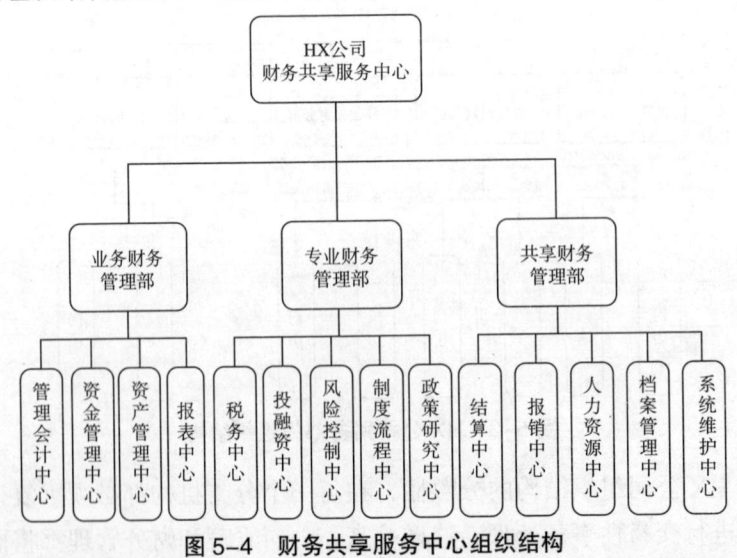

图5-4 财务共享服务中心组织结构

（1）业务财务。业务财务侧重于具体运用与业务紧密联系的经营计划与计算、业务模式分析、成本及管理等工作，加强业务财务关联。

（2）专业财务。专业财务作为财务的核心能力，是由业务财务和共享财务领域中的专家组成的高精尖财务管理人才，其采用项目化运作方式，集中精力研究和突破公司的税务政策与筹划、投融资、内部审计与风险控制等重大财经管理专项问题，使得专业财务更专业。

（3）共享财务。共享财务则负责整个公司重复性的标准化会计核算业务，通过强大的数据支撑，帮助财务部门实现财务集中核算，建设财务业务一体化组织结构框架；通过流程的归集与规范化处理，实现低成本高效率地向全公司提供优质的基础会计核算服务。

2.业务范围

HX公司将借鉴共享服务模式先驱公司的成功经验、学习他们的成功方法，并与具体的业务流程有机的结合起来，划定实施的主体范围；根据业务特点、定性分析和定量分析进行评估，明确业务范围。

（1）主体范围：集团总部、销售分公司、制药公司、点线运输公司等。

（2）业务范围：费用报销业务、资金管理业务、档案管理等基础业务。

HX公司将重复性高、易于实现标准化、规范化，能够被系统自动化处理且实施共享后成效明显的业务流程归集到共享服务中心，同时考虑到流程业务量大小、标准化程度、对比现行业务流程达到同等效率和共享后成本的耗费等因素，再将会计核算中某些符合条件的基础性业务流程纳入共享服务中心范围。

另外，HX公司在实践中，拓展到财务系统支持方面，对财务管理应用系统进行维护和优化，并向各个分公司输送财务信息化人才。

3.业务流程管理

为了规范HX公司前端业务流程以及基础财务管理工作，HX公司财务共享服务中心组建了专业技术人员小组，负责编写和推进业务流程标准化。其耗费了长达一年的时间才完成了此项工作，使各个模块以流程为中心规范财务基础管理工作，明确了财务共享服务平台的工作标准，明确了财务职责划分，提高了工作效率，而其标准化管理也使得管理模式能够快速复制。

HX公司财务共享服务中心在业务流程标准化进程中依据流程的范围及目的、流程设计及工作准则、流程的单据描述三个方面来编写标准化手册，同时根据公司的财务制度、业务流程操作手册、流程范围、部门类型、单据类型等制定了流程手册编写规则，明确流程设计的目的，为每个业务流程绘制了简洁的流程图，指出何人在何地处理何事，对工作标准进行全面描述，对流程关键事项及考核方法重点说明。HX公司在建立财务共享服务平台时共绘制了68个子流程图和业务工作标准，描述了81个业务单据。

HX公司的财务共享服务流程处理分别在当地和中心两端进行，这种从地域上对业务的划分主要是基于影像系统的引入。为了降低舞弊的风险，在业务流程处理过程中不能省略实质性审查的步骤，而影像系统的引入解决了实质性审查远程操作的难题，由当地对实物票据进行影像转化，再由共享中心进行审核支付。

由于HX公司业务流程较多，这里仅仅以发生频率较高的报销业务流程为例，简要叙述流程处理步骤：

（1）报账流程是财务共享服务流程的起点。分公司职能部门在接收供应商发票后，由业务人员通过财务共享系统进行报账填单，等待部门经理审核。

（2）部门经理审核通过后，业务人员开始打印报账单据封面，封面信息包含发票号、供应商信息以及业务处理日期。封面打印好后，业务员整理好报销凭证，交由票据员扫描。

（3）票据员将报销凭证扫描后上传到共享服务中心。

（4）报销中心进行实质性审核，判断发票金额与采购系统中的信息是否一致。

（5）审核无误的业务单据将由后台自动发送至核算中心，财务共享系统初始化之前就已经设置好了相应的科目以及科目之间的映射关系，核算中心据此自动生成记账凭证。

（6）没有通过的单据被退回分公司业务人员处，业务人员根据审核意见联系相关人员进行修正，然后重新开始业务流程。

（7）核算中心的会计核算人员会将已完成的凭证根据不同的会计单位，将待支付信息推送到分公司，由分公司的结算人员负责完成结算。

（8）结算后，分公司将结算后凭证录入系统，自动过账。

（9）流程结束后的全部单据由分公司通过邮递寄送的方式交到档案管理中心，装订存档。

4. 目标绩效管理

HX公司根据财务共享服务中心的运营特性，结合公司的发展战略目标，设计了基于平衡计分卡的绩效评价体系。

财务共享服务中心对 HX 公司战略目标的价值体现如下：通过业务流程的再造，使更多的财务人员从冗繁的基础性和价值创造低的工作中解放出来，转向增加核心价值创造，提高了企业财务部门的运营效果。图 5-6 为 HX 公司财务共享服务中心价值贡献机制。

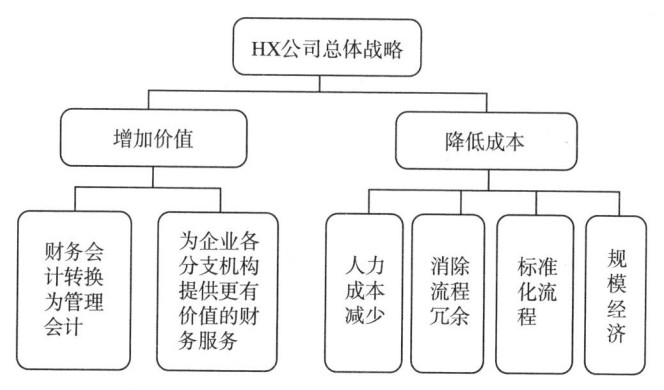

图 5-6　HX 公司财务共享服务中心价值贡献机制

HX 公司财务共享服务中心从客户、财务、内部流程和学习与发展四个角度出发，将企业的战略目标分解落实为可操作、可评估的衡量指标和目标值，其框架如图 5-7 所示，据此来评价部门工作任务完成情况。

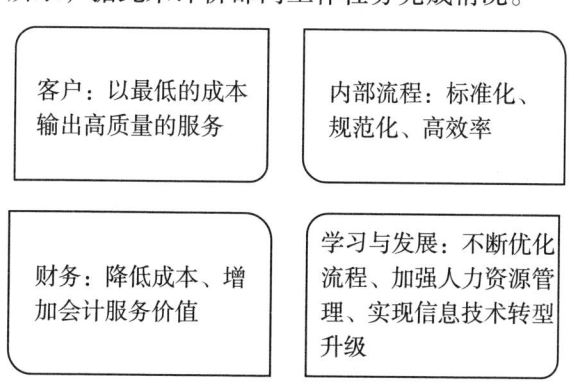

图 5-7　HX 公司绩效评价框架

（1）客户维度。财务共享服务中心的最终目的是以最低的成本向客户提供更高质量的服务，客户需求是财务共享服务中心的指南，在财务管理中企业将尽可能降低运作成本，同时努力改进内部流程，从而达到提高服务水平的终极目的。从这个角度而言，可以通过客户满意度、投诉处理率等指标来评价业绩情况。

（2）内部流程维度。财务共享服务中心的正常运营是基于标准化业务的流程的，从内部流程着手支持战略目标实现的直观表现就是提高业务处理质量和效率。

（3）财务维度。HX公司财务共享服务中心横向可以通过对比本公司共享服务中心的单位服务成本与行业平均水平，纵向可以比较当期与上期变动情况，以此进行衡量。

（4）学习与发展维度。HX公司财务共享服务中心从学习与发展角度考虑，需要持续优化流程、加强人力资源管理、实现信息技术转型升级。这三个方面其实是一个整体：信息技术的转型升级为财务共享服务平台优化奠定了基础，而新型信息技术的引入可能导致流程的进一步优化；不管是新型信息技术的引入还是流程的进一步优化都会要求业务人员提高其专业技术水平。因此，HX公司财务共享服务中心以流程优化、员工管理、技术升级三个方面衡量部门业绩完成情况。

5.服务质量管理

为了解决共享服务中质量管理的事前、事中、事后控制问题，HX公司在财务共享服务中心设置了质量问题管理机制，用以明确运营过程中出现的质量问题采取何种解决途径，并规定了管理机制参与人员的角色和职责，将问题的形成、解决编制成册，保障共享服务中心的正常运作。

HX公司财务共享服务中心的服务质量管理主要集中在如何解决运营中出现的问题以及协调各部门之间的关系，以使其保持顺畅衔接，使各项业务流程得以顺利完成。随着共享服务中心不断优化完善，服务质量管理也应逐步提升质量评定标准，督促相关责任人员通过自查、定期和不定期核查、出具质检报告等多种途径提升服务质量，同时进行为业务人员普及会计核算法律法规、定期测评实操运用水平等质量管理工作，增强质量管理的事后控制力度。另外，HX公司通过部门之间协作建立长效管理机制，不断提升服务质量管理水平。

HX公司财务共享服务中心建立了以提高客户满意度为宗旨的服务质量管理，为了达到与客户充分沟通，编制了咨询规范并设定了双向测评机制，测评机制根据综合指标、及时性指标、质量指标、满意度指标等关键业务进行测评，有助于与客户保持良好的双向沟通。

第六章　现代企业财务管理的应用与创新案例研究

第一节　"大智移云"背景下财务共享服务中心的建设与创新

"大智移云"背景下，企业信息化建设成为其实现价值增值的战略手段，财务共享服务作为高度集权化的信息枢纽，能将企业各业务单元的财务核算职能精简集中，帮助企业节约管理成本，为企业制定战略决策提供参考，帮助企业实现价值最大化的战略目标。"大智移云"极大地促进了财务共享服务的创新升级：大数据视角下，以财务共享服务中心为基础的企业战略转型主要体现在市场预测、生产管理、应收账款管理、营销管理方面；人工智能视角下，财务机器人将逐渐代替人工服务，财务人员逐渐向复合型人才转型；移动互联网视角下，财务共享服务将凭借移动终端实现审批流程移动化、报销程序移动化和其他信息传递移动化；云计算视角下，财务共享服务呈云端化，大致形成以云采集、云处理和云产品为整体运作流程的财务共享服务模式。"大智移云"背景下提升财务共享服务的价值需要企业进一步转变经营管理方式，加强队伍建设，增强风险防范意识。

财务共享服务是财务管理的重要模块之一，全球一体化的推进促使许多大型企业集团进行财务转型升级，财务共享服务管理模式以其显著的低成本、高效率的优势成为众多跨国企业进行财务管理的首选，并展现出卓越成效。随着互联网技术的发展，企业信息化建设势在必行，传统的财务共享服务模式亟须转型升级，因此其与"大智移云"技术的融合成为当前理论与实践领域的热门研究话题之一。

目前，我国新型财务共享服务的应用及研究仍处于摸索阶段。因此，基于"大智移云"视角，分别从大数据、人工智能、移动互联网和云计算四个方面对财务共享服务创新升级展开探讨，力求为实践研究提供方向指引。此外，"大智移云"技术的日益成熟，将极大地促进财务共享服务价值的提升，推动企业高质量发展。

一、大智移云背景下财务管理思维创新

新一轮信息技术颠覆了商业业态和企业经营模式，也推动企业财务由管理型向价值型转型。财务共享服务中心是企业财务数据的仓库、财务信息的集散地、财务管理的中枢神经。财务管理模式改革创新的前提是人员思维模式的改变，企业集团的管理层在企业的决策中起着举足轻重的作用，因此大智移云背景下财务共享服务的建设与应用，需要企业高层和财务人员从传统的会计思维转变为财务思维，进而到金融思维。因此，管理者财务管理思维模式的转变是财务共享服务中心管理者顺应变革的前提条件，也是在新技术环境下，推动财务共享服务向 2.0 时代迈进的前提条件。

（一）新科学管理思维

财务共享服务的发展与新科学管理思维密不可分。在管理科学思想发展的路径中，早在 20 世纪以前，亚当·斯密提出的"劳动分工"和"经济人"假设就已揭开了以流程划分运营过程的序幕。管理科学的发展经历了早期管理理论时期（20 世纪以前）、科学管理时期（20 世纪 10～20 年代）、行为科学理论时期（20 世纪 30 年代至二战时期）以及管理理论丛林时代（二战至今）。存在着三种哲学体系，分别为客体至上的效率哲学体系、主体至上的行为哲学体系以及主客体统一的系统哲学体系。新科学管理就是强调将客体至上的效率哲学体系、主体至上的行为哲学体系以及主客体统一的系统哲学体系三者相融合的管理思维。

1. 客体至上的效率哲学体系

效率哲学体系起源于 20 世纪泰勒提出的科学管理理论，该理论主要研究

如何提高企业价值创造流程的效率与效能，所关注的是生产作业流程。到20世纪中后期，哈默提出的流程再造理论关注企业输入到输出的整体流程，由此，新科学管理的雏形和思想渊源已然被提出。流程再造理论被广泛应用于我国财务共享服务中心的建设与应用过程中。在效率哲学体系的思维模式下，企业集团员工更多的是被管理层限制在降低成本、提高效率的框架里面，不能充分发挥员工的主观能动性，容易步入"低士气"陷阱，这不利于企业财务共享服务的可持续发展。

2. 主体至上的行为哲学体系

行为哲学体系源自行为主义理论，该理论主要强调人的主观能动性。在这个阶段，管理学主要以组织中人的行为为研究对象，从不同层次、不同角度研究管理中人的行为规律，以求通过理解、预测、引导和控制人的行为来实现组织的目标。企业管理者要坚持人本观念，在管理活动中，坚持一切从人出发，调动和激发人的积极性和创造性，达到提高效率、增加企业价值的目的。

3. 主客体统一的系统哲学体系

系统哲学体系主要涵盖管理过程与价值创造流程的有机结合、组织结构与价值创造的有机结合。管理过程与价值创造流程的有机结合体系起源于法约尔的一般管理理论，其核心是管理的过程。组织结构与价值创造流程的有机结合起源于古典组织理论，其核心是组织结构。

新科学管理思维强调在降低成本、提高效率、改善服务质量的同时，需要积极调动企业员工的主观能动性和创造力。在"大智移云"背景下，财务共享服务中心的管理者应当具备新科学管理思维，在重视企业成本、效率和质量的同时，加强对企业员工的管理，亲切关怀员工，关心员工的工作与生活，给员工创造一个温暖的工作环境，让员工享有一种归属感。加强对员工的培训工作，提高员工的专业胜任能力，加强员工对新技术的培训，提高员工运用新信息技术的技能，增强员工顺应时代发展的能力。建立健全员工激励措施，提高员工工作热情，充分发挥员工的主观能动性，使其为企业创造更大的经济价值。

（二）柔性运营思维

财务共享服务以规模经济理论为基础，其以标准化、统一化的运营思维对集团企业内部各业务单位以及外部客户提供集中化处理，并在作业完成以后对服务质量进行测试。这种运营思维是刚性思维，财务共享服务中心的员工需要单一地完成工作，专业化程度高，因此在管理中应尽量减少工作差异，对企业集团重复性高、同质性强的业务进行大批量处理，实现规模经济。

财务共享服务发展迅猛，为顺应新时代背景下财务共享服务的改革创新，要求财务共享服务具有灵活性，这就对财务共享服务中心管理层思维模式的转变提出了新要求，即管理者需具备柔性运营思维。柔性运营思维模式下，对财务共享服务的需求具有不确定性、不可预测性和多样性，它是以范围经济为基础，而不是以规模经济为基础。在这种思维模式下，财务共享服务中心的员工由原来的一专一能转变为一专多能，这就有利于资源的优化配置，有利于充分利用资源，提高资源的利用效率。在柔性运营思维模式下，企业可进行多样化大批量生产，对企业业务流程过程进行质量控制，提升财务共享服务的质量。

刚性运营思维是财务共享服务与生俱来的，也是不可或缺的。但是在大经济环境下，如何实施刚柔并济的运营思维是财务共享服务管理者应该重点关注的问题，刚柔并济将是未来新思维的必然趋势。财务共享服务管理者树立柔性运营思维是刻不容缓的，组织的柔性、流程的柔性、人员的柔性以及技术的柔性，可为财务共享服务未来的发展创造更多的可能性。因此，在大智移云背景下发展财务共享服务，财务管理者建立柔性运营思维是大势所趋。

（三）互联网运营思维

财务共享服务中心很早就与互联网开始合作，依托互联网建立网络报账、影像系统、银企互联等技术手段，如此一来，财务共享服务可以跨越地理距离的障碍，向其服务对象提供内容广泛的、高质量的、反应迅速的服务。这就要求财务共享服务中心的管理者具备互联网思维，互联网思维并不仅仅指依托互联网技术展开财务共享服务的运营，而是指互联网时代的一些新的思维模式，即用户思维、社会化思维和平台思维。

1. 用户思维

财务共享服务管理者始终坚持以客户为中心，树立客户至上的观念，将客户的概念从财务管理层向业务部门管理层、业务部门每个员工、公司的终极客户进行有层次的拓展，实现财务—业务—终极客户的拓展。同时，鼓励客户积极参与到财务共享服务的建设与发展过程中，鼓励客户根据自己对财务共享服务的应用体验，为财务共享服务的日常业务流程、服务与质量提出意见，增强客户的参与感，从而更好地改进运营、服务客户，使财务共享服务中心成为企业新的经济增长点。

2.社会化思维

社会化思维在互联网中的主要表现是外包、众包等概念以及社会化媒体在企业集团中的广泛应用。随着全球化的推进，外包服务应运而生，外包是指企业动态地配置自身和其他企业的功能和服务，并利用企业外部的资源为企业内部的生产和经营提供服务。企业将非核心关键业务外包给专业公司，减少业务人员数量，提高业务处理的专业性，降低营运成本，提高工作效率。外包服务的进一步发展促进了众包的出现，众包是指一个公司或机构将过去由员工执行的工作任务，以自由自愿的形式外包给非特定的（通常是大型的）大众网络的做法。众包模式使企业集团的员工不一定在职场中工作，促进财务共享服务从物理集中到逻辑集中成为可能。社会化媒体的兴起与发展也促进财务共享服务中心与员工、客户以及外部人员之间的交流，能在很大程度上提升客户的满意度。因此，财务共享服务中心的管理者应具备社会化的思维，不能仅仅寄希望于内部员工，要充分利用外部资源，促进财务共享服务的进一步发展。

3.平台化思维

随着信息技术的发展，平台化思维体现的是技术资源的整合，是连接供应方和需求方的桥梁。我国企业集团财务共享服务中心也构建了技术平台，实现了企业与供应商的对接、企业与银行之间的对接，财务共享服务中心已经成为联通各方的平台。随着大数据、云计算、移动互联网等先进信息技术的发展，财务共享服务中心的管理者更需要具备平台化思维，充分利用先进技术，加快集团财务共享服务发展的步伐，建立"人人都是CEO的观点"，调动员工的积极性和创造性，使财务共享服务为企业创造更大的价值。

二、财务共享服务的特征及其与互联网新技术的融合

（一）财务共享服务的特征

财务共享服务源于共享服务理念，是共享服务思维在财务会计领域的创新之举，这种新颖的财务管理模式被大型企业集团运用并受到国内外专家学者的广泛关注与重视。最先提出的共享服务概念，认为共享服务是管理模式与企业组织结构在企业发展壮大过程中必然发生的变革，其主要目的是通过建立财务共享服务中心共享组织内部的成员、管理和技术，进而使企业在日益激烈的市场竞争中获得领先优势。共享服务这种创新型管理模式涵盖了财务、流程体系、

人力资源管理等多个方面。财务共享服务与企业经营战略息息相关,财务共享服务不仅可以促使企业发展战略保持较强的竞争优势与稳定的连贯性,还可以帮助企业实现降低成本、提高经营效率及优化资源配置的目标。何瑛通过对此领域的深入研究,总结出财务共享服务中心的四个特点:一是从企业组织结构出发,以事业部、多业务单元的组织结构为主的企业集团更倾向于采取集团层面的财务共享服务;二是各业务单元精简财务核算职能,由企业集团建立统一的会计核算部门对各业务单元财务信息进行集中处理;三是财务共享服务作为高度集权化的信息枢纽,呈现出智能专业性、地位独立性、战略服务性等特点;四是将财务领域提升至企业战略层面,引导企业节约管理成本、提高营运效率及提升服务质量。财务共享服务需以信息技术为支撑实现企业价值最大化的战略目标。

(二)财务共享服务与互联网新技术的融合

互联网时代催生出大量充满活力的新兴产业,加剧了企业管理模式的变革。在互联网时代,"大智移云"新技术与财务共享服务将碰撞出新的火花。大数据技术被运用到财务共享服务中,实现了由以传统ERP系统为底层依托的初级共享模式到以云计算平台为支撑的高级"财务云"模式的转变。利用大数据挖掘技术可以收集对企业具有重大商业价值的数据,智能设备与移动互联网技术相结合可以实现移动化。许知然认为,云计算能够给企业财务管理提供新的技术支持,将企业核心技术传送到云平台,节约系统维护成本并提高系统性能,同时,他认为在互联网时代,业务流程的支撑系统由传统的ERP系统转向云平台是必然的。

在"大智移云"背景下,企业财务共享服务模式得到进一步创新与发展,但目前这种创新管理模式仅仅在某些大型企业集团得以应用,且仍处于探索阶段,因此,致力于"大智移云"背景下企业财务管理模式的创新研究,不仅有利于加快财务共享服务中心的建设,还能够极大地促进中小企业搭乘"时代便车",实现财务管理模式转型升级。

三、"大智移云"背景下财务共享服务的创新升级

大数据、人工智能、移动互联网和云计算的兴起和发展促进了企业财务管理模式的转型升级。信息技术的普及发展与企业财务管理相结合,能够优化财务共享服务职能,回归会计促进企业发展的经济本质。充分拓展应用大数据的

收集、整理、分析及报告功能，有助于实现企业价值创新、财务监控、财务规划完善、战略决策制定等目标。人工智能作为科技发展的创新产物，逐渐被运用于企业组织中。企业规模的扩大使得财务管理活动产生大量数据信息，将人工智能与财务管理有效整合，可以促进财务共享服务现代化、智能化发展。移动互联网的发展使财务共享服务更加灵活，可达到随时随地办公的效果。云计算技术使财务共享服务更加"云化"，主要朝着"云服务""云平台"模式发展。

（一）大数据视角下的财务共享服务功能

在传统管理决策模式中，企业管理层的决策大多根据自身的经验及判断对企业适应市场环境变化的措施作出调整。在大数据视角下，财务共享服务的决策职能大大提升，财务共享服务中心利用大数据技术可充分分析当前的经营决策、市场环境等要求，作出更加符合企业需求的管理决策。在大数据的宏观背景下，财务共享服务中心的优势能将其划归到公司战略层面，随着大数据技术的发展，以财务共享服务中心为基础的企业战略转型主要体现在市场预测、生产管理、应收账款管理和营销管理方面，如图6-1所示。

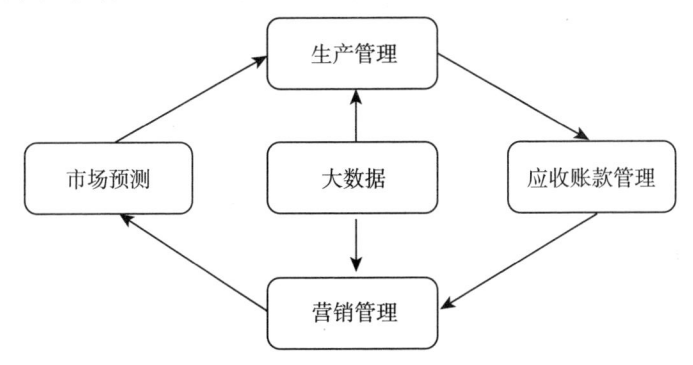

图6-1 大数据视角下财务共享服务机制框架

1. 市场预测

企业市场调研与预测是经营决策的基本前提。在大数据时代，通过数据收集与分析将某一经济活动的过去、现状及未来紧密、持续地联系起来，可使预测数据更加可靠、准确，更贴近实际。利用大数据技术对用户的需求进行分析，了解消费者差异化、个性化及潮流化的消费倾向，有利于企业实时开展有针对性的产品生产。在企业筹资决策时，应充分考虑预测期的销售额，销售额可以被进一步细分为预期销售量及价格，通过大数据分析，综合考虑市场上的定量与定性因素，能够更加客观地将其确定下来。此外，企业通过充分比较，可以选择成本更低、风险更小的筹资渠道及筹资方式。最后，大数据分析可以有效把握市场的变化趋势，使其对企业现金流的估算更加客观，进而使项目投资决策更加科学。

2. 生产管理

业财融合的财务目标使得企业财务与生产经营联系紧密，运用大数据技术，企业可以收集客户与企业之间因交易而产生的大量动态行为，并对产品使用情况进行跟踪记录，形成动态数据，再对其进行挖掘与分析，将分析结果融入产品改进、设计和创新活动中。在生产流程上，将产生的大量数据从不同角度（能耗分析、工艺进度、设备检验等）进行挖掘分析，并在此基础上建立虚拟模型，能够改进生产流程、降低能耗、减少质量损失和提高设备营运效率。此外，高度自动化的设备在产品生产加工过程中记录了大规模的检测结果，利用检测结果进行质量分析，能够提高质量管理水平；利用大数据对生产管理的流程控制，能够巧妙地解放财务共享服务中心的决策职能。

3. 应收账款管理

应收账款变现能力的强弱是影响企业持续经营能力的关键因素，因此，企业应收账款管理成为财务管理活动的重要组成部分。与经营相关的应收账款往往与下游企业信用评价息息相关，若应收账款信用管理不当，极易造成企业回款效率不高、营运资金链断裂，进而影响企业持续经营。因此，企业信用调查、评估成为制定合理的应收账款政策、科学管理应收账款的首要工作。与传统的信用调查相比，大数据技术能够在更大范围内进行客户信用评价查阅、信用变化追踪、支付能力实时调查等，从而对不同信用评价等级的客户制定差异化的收账策略。对超过信用期时间较长且未付款的客户实施重点跟踪，分析信用变化原因，准确作出计提坏账准备，能够保证财务稳健性。财务共享服务中心的统一集中处理流程大大提高了应收账款管理效率，有效防范了企业资金链断裂。

4. 营销管理

利用财务共享服务的信息集中优势加上对大数据技术的合理应用，企业的营销管理战略可分为以下四个方面：一是通过收集用户数据分析用户行为与特征，并向他们传递准确的广告信息；二是对用户进行分级管理，设定消费者画像和各种规则，关联潜在用户与会员数据、客服数据，筛选目标群体进行精准营销，制定不同维度的用户标签；三是对竞争对手进行监控与品牌传播，通过大数据了解对手行为动向,根据对手传播态势、行业标杆用户策划及用户的反馈等制定品牌营销策略;四是识别并控制品牌危机,大数据使企业能够快速洞悉品牌危机并及时作出反应,通过大数据及时收集品牌危机状况与焦点问题,启动危机追踪与预警机制,抓住源头及关键节点,可以快速应对危机。

(二)人工智能视角下的财务共享服务发展趋势

国务院发布的《新一代人工智能发展规划》,明确了面向2030年的新型人工智能发展规划和战略目标。这一政策契机为大型企业集团降低财务成本、提高经营效率指明了道路,即在财务共享服务中心发展的基础之上探索使用"智能自动化"财务系统。随着人工智能技术的日趋成熟,财务机器人的优势日益突出,高效、低成本、高精准性成为其显著特征,自动完成传统的机械重复性工作已经成为智能标配。

1. 财务机器人的应用

人工智能与传统财务软件的本质区别体现在智能化与自动化上,传统财务软件仅仅替代了基础的手工记账,但人工智能则进一步推动了业财融合,比如传统模式的账表是由财务编制的,而现代化账表是人工智能根据业务进一步自动生成的。随着人工智能技术的不断发展,其在财务领域的应用范围逐渐扩大,财务人工智能最终的目标是利用智能财务机器人自动完成机械重复性工作。与人工财务数据处理模式不同,智能财务机器人在票据识别、财务数据加工等方面,均优于人工操作,可根据手工录入的原始数据自动生成记账数据,在其智能化系统内部完成大量财务数据的计算与分析,依据精确的分析结果,自动生成科学合理的未来规划。

2. 财务人员的转型

人工智能的发展同时带来了巨大的危机与挑战,财务共享服务中心精简了大量财会岗位,但随着人工智能的发展,财会人员真的会消失吗?虽然人工智能提升了自动化处理财务业务的能力,但是其职能的发挥依然离不开财务人员的操作,财务人员在财务共享服务建设过程中依然发挥着至关重要的作用。人工智能视角下,财务共享服务中心对财务人员提出了新要求:工作流程规范化,工作性质专业化,工作职能由核算向管理趋近,注重财务人员的综合素质及复合型能力。人工智能强化了财务核算职能,释放了财务资源,并提高了财务生产力,但财务的管理控制、分析决策和核心业务处理仍需要专业性更强的复合型财务人员完成，比如针对会计政策变更、会计估计、财务综合性分析等酌量性考虑需由人工完成。财务共享服务管理模式需要对企业集团财务业务进行多元集中处理，其中涉及总部与子、分公司的业务往来和信息传达等方面，财务人员仍在其中发挥着显著作用，这不仅要求财务人员具备较强的财务数据分析及决策能力，还要求其必须具备较强的沟通能力，以保证信息在企业集团内部的有效传达。因此，企业需加强培养财务复合型人才，健全人才培训体系，提高财务人员综合素质，保障财务系统稳健运行。

人工智能的发展从短期来看确实会对财会人员造成冲击，但放眼未来，解放财务基本核算职能、财务会计向管理会计的转型发展趋势已成为必然，促进人机交互融合，助力企业价值增值是财务人员未来职业发展的大势所趋。

（三）移动互联网视角下财务共享服务的"移动化"

移动互联网技术被普遍应用于商业领域，其对财务共享服务发展的作用是显著的。"互联网+移动"特色在财务共享服务管理模式下优势尽显，在企业集团构建的移动网络中，分散的移动节点与总部联结，提高了信息传播效率，跨越了时间、地域的局限。本书认为，移动互联网技术能高效地被应用于企业集团日常的业务流程中，比如费用报销、审批程序等，这些流程在子、分公司的企业集团内部呈散点状态，移动互联网技术能巧妙地解决程序上烦琐的问题。此外，利用信息的双向传导效应，可在财务共享服务模式的统一管理下，借助信息传播优势，构建并完善信息网络。

1.审批流程移动化

智能手机的盛行促使移动软件快速发展，移动互联网技术的成熟为财务共享服务的创新发展提供了条件。众多企业研发了符合自身特色的APP办公软件，其中针对大型企业集团的财务共享服务管理模式，比如业务审批流程管理得到进一步完善优化，企业将业务审批环节延伸到移动端，使领导对相关业务的审批不再受地域和时间的限制。整个流程看似井然有序地进行，实则会耗费大量人力、物力等资源，而移动互联网技术有效地解决了诸如此类的问题，移动端的审批流程节省了大量的审批时间，使业务人员将更多时间投入企业价值创造中，如图6-2所示。

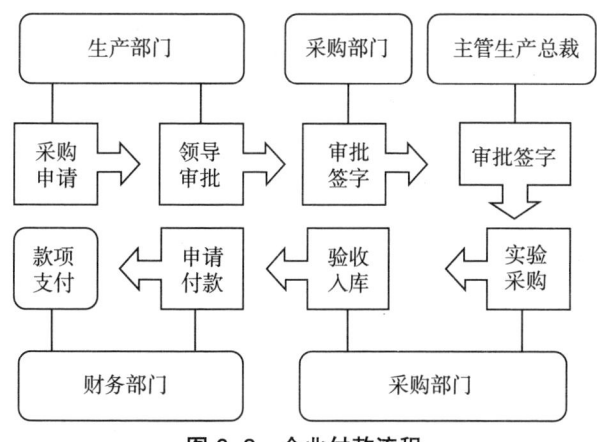

图 6-2　企业付款流程

2. 报销程序移动化

企业业务遍及各地，其经营活动会产生大量的报销费用，在财务共享服务管理模式下，企业的财务报销系统采用统一处理、集中管理模式。传统的报销程序往往存在模式固化、灵活性较差、程序执行周期较长等情况。在移动互联网技术的支持下，遍布各地的业务人员可以实时进行费用报销。比如，业务人员可以在移动端通过原始数据录入或者拍照的方式将费用情况及时地传到公司财务系统中，由公司财务人员根据上传的信息对报销情况进行审核处理，再利用发达的网络支付技术快速将业务使用资金转入业务人员移动端。管理层可以透过企业整体财务视角对报销申请、报销信息传递、报销审核及报销完成的整个过程进行监控，这将报销过程变得透明化、可视化。

3. 其他信息传递移动化

集团通过构建移动互联网网络体系实现组织内部信息的有效传递，比如企业经营目标可通过移动互联网技术传送到每位员工的移动端，员工可以随时随地做到信息查阅及项目跟进，这有助于保持个人目标与企业整体目标的一致性。此外，员工可以及时了解绩效考核情况、公司最新动态等信息，还可以通过信息交流平台实现双向互动，这也是财务共享服务中心努力改进的方向。

移动互联网技术在财务共享服务方面的应用主要体现在企业内部各业务单元、业务个体的信息沟通上，其提高了业务流程执行效率，完善了企业内部信息沟通机制。充分发挥移动互联网的信息传递优势是财务共享服务管理模式创新的必然趋势。

（四）云计算视角下财务共享服务体系的构建

企业集团对财务共享服务的探索道路最终归于财务数据的云端化，云计算技术将成为未来企业竞争的关键因素。

1.云计算系统框架

在云计算支持下，财务共享服务呈现云端化趋势，其系统框架分为云端和客户端两个方面，如图6-3所示。在云端的四部分构成中，网络服务主要提供数据导入的支持载体，其中包括网址、认证和邮件服务；数据管理主要是对各种数据进行分类并储存；应用支撑层向财务共享服务中心提供流程设计、网站运营、统计分析等服务；应用层是财务共享服务功能模块中最重要的环节，其职能主要包括报账、集中核算和支付。客户端是云计算的输出端口，根据不同指令通过云计算系统输出信息。

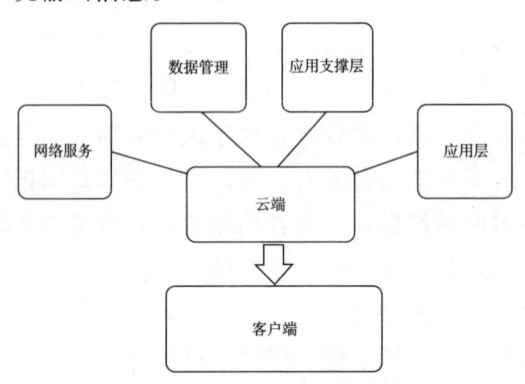

图6-3 云计算系统框架

2.云计算系统业务流程

"云"思维与先进信息系统的有机结合，能够将财务共享服务的"共享"优势充分发挥出来。首先，业务人员将收集到的数据利用网络上传至云端，利用云存储功能将业务数据储存，需要审核的原始数据会被系统具体细分为各个要素；其次，财务共享服务中心对被细分的要素进行处理（审核、加工、组合）；最后，系统根据客户需求自动生成凭证和报表输出至客户端。在云计算技术下，财务共享服务的整体运作流程可分为云采集、云处理和云产品三步，如图6-4所示。

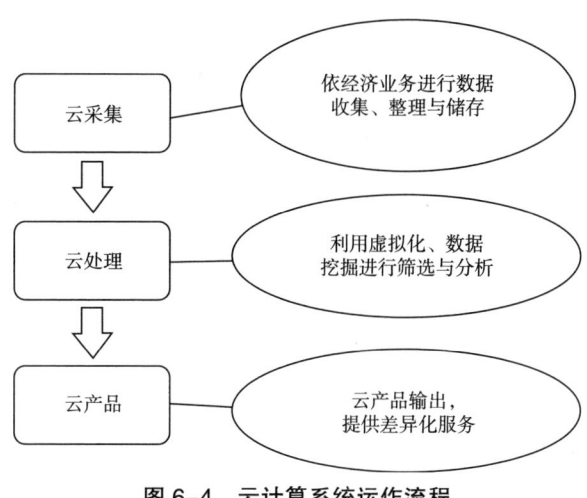

第六章 现代企业财务管理的应用与创新案例研究

```
云采集 ──→ 依经济业务进行数据收集、整理与储存
   ↓
云处理 ──→ 利用虚拟化、数据挖掘进行筛选与分析
   ↓
云产品 ──→ 云产品输出，提供差异化服务
```

图 6-4 云计算系统运作流程

四、"大智移云"背景下对财务共享服务发展的思考

（一）转变经营管理模式

"大智移云"背景下，财务共享服务的创新需要管理层树立全局思维，努力转变传统的经营管理模式，紧跟快速发展的时代潮流。企业经营管理模式的转变主要体现在决策体系的转变——由少数人决策转向多数人合作。全员参与决策的合作模式使更多的信息、知识能相互沟通，构建资源平台或知识储备库是"大智移云"背景下的经营管理决策基础和必然要求。

（二）加强人才队伍建设

企业竞争的本质是人才竞争，企业资源整合的能力决定了企业的竞争力，强化专业人才培养是其中的关键所在。在"大智移云"背景下，企业应加强对各类数据的收集与分析能力，因此，应加强人才队伍建设，在互联网、计算机、数据挖掘与分析等方面加大对专业人才的培养力度，同时引入适当的薪酬激励机制，激发其在财务共享服务及企业价值增值方面作出更大贡献的积极性。

（三）提高风险防范意识

财务共享服务中心的稳健运营需要建立风险防范机制，切实有效保护企业内部数据。从职责上细化使用权限，保证企业信息资料的安全可靠。有目的、有计划地对员工进行专业培训，提高员工对数据的管理水平，确保大数据使用的安全性。建立数据库安全校验与应急程序的流程机制，让安全检测人员将检测结果直接对接企业管理层，以保证数据的安全性。

大数据、人工智能、移动互联网和云计算技术给企业商业模式及财务管理带来了革命性变化。在互联网时代，大数据的挖掘与分析为企业带来了巨大价值；人工智能取代了基本的会计核算功能，正向更复杂的财务领域进军；移动互联网优化了业务流程体系，其高效灵活的特点为财务共享服务的创新添砖加瓦；云计算技术的发展促使财务共享服务迈向云端化，"财务云"的建立为企业集团创造出更大的价值。

在"大智移云"背景下，风险与挑战并存，企业应转变传统的经营管理模式、加强专业人才队伍建设和做好风险防范措施，为企业信息化建设提供有力保障。企业的信息化程度直接决定其战略方针、经营模式及管理程序的维度，而这也在一定程度上决定了企业财务共享服务与"大智移云"的融合深度。

五、财务共享服务创新的配套策略

（一）强化企业高管意识，建立员工管理机制

财务共享服务的改革创新离不开企业高管和员工的共同努力，高管是财务共享服务发展的主心骨，高级管理层必须与时俱进，始终保持思维模式的先进性，善于借助先进科学技术，促进财务共享服务的发展。员工在财务共享服务的发展中起着不可忽略的作用，员工的工作态度、文化差异管理以及数据分析能力方面都对财务共享服务的发展构成了挑战。

首先，企业应加强对员工的培训，为员工创造不断学习的机会，更新员工的知识体系；加强对员工岗位管理，建立岗位轮换制度，减少员工的懈怠感，建立岗位绩效考核制度，对员工绩效进行考核，奖惩分明，提高员工的工作热情。

其次，实施财务共享服务的企业大多为规模较大的跨国公司，财务共享服务中心的财务人员在处理业务过程中，不得不处理包括小语种的业务，因此，拥有同时掌握中英文及其他小语种的员工可能是其发展的一大挑战。为解决这一问题，企业集团应该提高人才招聘的要求，招聘掌握多种语言的全能型人才，或者对已有员工进行专业知识的外语培训，企业集团也可以为财务共享服务中心配置外语翻译人员。

最后，"大智移云"背景下财务共享服务对数据分析技术的要求比较高，财务共享服务中心每天需要接收海量的业务数据，并利用大数据分析、分布式处理等技术对数据进行分析，要把大量结构化和非结构化的数据转化为通俗易懂的有效信息。因此，企业集团要高度重视员工的数据分析能力。招聘数据分析师是最便捷的方式，但是会增加企业的成本。因此，企业可以加强对企业员工的培训，为企业培养实用人才。

（二）持续优化业务流程，推进财务业务一体化

依靠云计算技术，结合大数据和移动互联网的发展，财务共享服务发展成为"财务云"，在先进科学技术的推动下，财务共享服务中心应当加强集团业务流程再造，使集团财务共享服务中心的财务系统与各业务单位的业务系统通过云平台建立协同互动的关系，使企业的财务会计工作的中心由原来的会计核算转移到财务分析及财务决策上。将集团的财务人员进行重新分配，负责财务决策的财务人员留在总部，而财务技能强、业务素质高的财务工作人员可以分配到分、子公司项目部，总体提高企业集团财务能力，为企业创造价值，推动财务职能的转型，顺应国家法律法规的要求。

（三）建立企业核心数据库，关注数据安全机制

云计算、大数据等技术为企业集团财务共享服务的发展提供技术支持，在财务共享服务转型创新的道路上起着举足轻重的作用，但是海量的数据存储在云服务器中，数据存储和数据传输的安全问题显得尤为重要。

首先，加强网络安全的防护工作，积极应对外部网络的非法入侵、病毒攻击、木马感染等危害网络安全的行为，集团企业可以招聘网络安全方面的优秀人才为网络安全保驾护航，并且及时进行安全软件升级，不定时地进行网络杀毒，减少网络安全问题发生的概率。

其次，财务共享服务中心对在云平台操作的登陆者的权限和业务范围进行严格的限制，并进行用户的授权与认证，确保不同身份的用户在云服务器中的操作范围是不同的。

最后，财务共享服务中心对不同的数据采用不同的加密方式，使财务数据信息从物理上进行隔离。随着共享服务外包业务的不断发展，还要将自身使用的和对外租用的服务器存放在不同的机柜，将企业自身和外部企业的云服务划分在不同的网络区域，确保各自数据进行有规则的管理，避免因粗心大意而带来的损失。

（四）建立健全法律法规，推动云服务发展

云计算促进财务共享服务领域的商业化，因此要鼓励政府干预，建立完善的法律法规，严格审核"财务云"服务供应商的从业资格，其应当具备良好的信用和精湛的业务技术，保证数据库的安全，让中小企业能够放心使用。同时，理应建立第三方商业平台监督机制，在保证信息安全的同时提升其公允性，按期审核"财务云"服务提供商的服务资格，一旦出现问题必须及时更正，确保出包方的合法权益。

第二节　现代信息技术背景下 HNDL 公司财务战略转型研究

一、HNDL 公司财务战略转型的动因

（一）信息技术发展的推动

近年来，现代信息技术迅速发展，以数字化、网络化和智能化为特征的信息技术正在飞速增长。没有信息技术，企业财务管理自动化、智能化将不可能实现。随着现代信息技术的发展，企业经营环境越来越复杂多变，传统财务管理方法已无法满足如今企业财务战略管理的需求。因此，应以财务战略管理的思想方法为引导，运用信息技术提升和完善企业财务管理的理论与方法，进而使其进入财务战略管理的新阶段。在这样的社会背景下，越来越多的企业应用信息技术构建新型财务战略管理框架，以此来挖掘发展潜力，创造新的价值。

2019 年，国家电网公司成立了大数据中心，一方面，这是公司为贯彻国家信息化战略部署，增强公司发展动能，推动企业转型升级的迫切需要；另一方面，国家电网公司也将加大对现代信息技术的运用，加快推动公司实现数字化转型，推动建设数据驱动型发展模式和运作自动化的创新体系，促进运营、管理、服务的全面升级，为加快建设"三型两网"作出新的更大贡献。HNDL 公司也顺应上级战略，积极运用信息技术加强公司信息化建设，认真研究如何

利用现代信息技术完善和提升公司财务管理的方式和方法，建设财务运作自动化体系，促进公司财务战略的转型升级。

（二）公司财务管理发展的需要

在当今市场经济条件下，财务管理应对资金的需求与统筹、企业对现金流量状况的关注以及现代企业制度等内容进行处理，同时积极参与到企业核心管理工作中，使财务管理不仅仅属于企业生产经营中的附属职能。另外，财务管理与其他职能战略的联系日益提升，如以企业经营管理的需求为基础，开展资金筹集与投放活动，根据企业投资与融资需求建立有关股份分配政策。因此，无法将企业各类活动单独归纳为财务工作。随着财务管理环境的逐渐复杂，企业要想实现价值管理，应先对财务实施转型工作，并进一步提升经营环节的价值与潜力，同时对各项工作流程进一步优化，保持企业自身的价值，从而使财务部门逐渐转向注重提升公司价值的管理合作型部门。

随着我国信息技术的快速发展，企业系统逐渐被广泛运用，财务传统管理内容逐渐发生潜移默化的转变，在财务会计工作中表现极为明显，财务分析与统筹工作随着核算工作比例的下降而逐渐增加，由此可知，以现有财务管理范围为基础，财务工作已逐渐延伸到预算计划、价值管理等工作领域中。传统财务理论与已有的财务管理活动相互排斥，所以，企业应转变业务管理财务模式，并开展财务模式创新活动，从而为实现财务管理角色定位以及能力提升提供一定的保障。

从企业发展对财务需求角度来说，财务管理应对资源配置、过程管控、信息提供等三个主要职能进行重点强化，在开展经济活动过程中应保证财务管理充分发挥自身的效用。在开展经济活动之前，应通过财务管理对内部资源进行整合，并将市场作为导向，并使用预算管理体系科学合理配置资源，加大调整企业资产、收入与成本费用结构性的力度，以有效支撑业务的发展；经济活动结束后，应使用高质量的财务信息为决策提供有效支撑，最大限度实现企业经营管理价值。要想在此过程中充分发挥效用，应对财务管理在处理能力以及组织结构上提出变革需求，从而使其预期的效果充分发挥出来。

因此，为有效适应企业实践价值管理的需求，企业财务部门应以时代变革为依据，完成传统财务职能，同时逐渐转变企业业务的合作伙伴，与业务实践相结合，使企业经营与财务得到良好的衔接，有效实现经营目标，提升企业经济效益与质量，从而最大限度发挥企业的价值。

（三）管理者的创新与推进

利用现代信息技术，实现价值多维度输出，建设财务共享机制，这些都是财务管理模式的创新。在持续推进创新时，企业需要先对自身体系建设和组织结构进行优化。想要进行如此变革，离不开管理者思维的转变与创新。HNDL公司在之前开展综合服务中心建设工作时，已经发现了较多问题，了解了管理者和员工创新的重要性。这些宝贵的经验都将为财务战略转型提供参考价值。因此，HNDL公司非常注重管理者和员工的创造性，通过开展全面的宣传与培训工作，促使员工形成优质的创新风气，并对有关创新评测指标进行设计，大力支持员工在管理流程中开展创新与优化工作。HNDL公司还开通了创新的沟通途径，保证创新模式可以及时准确地传递到上级领导部门，再由上而下地推行，使所有员工的积极性得到充分的调动。

集约化管理模式是该公司一直坚持的模式，其能够有效提升公司综合实力。HNDL公司财务战略转型的实施得到了公司单位财务部的大力支持，从2018年下半年起，其便着力开展全公司范围内的部署、宣传工作，由公司互联网部全力提供技术支撑，保障财务战略转型阶段性工作的实施。

二、HNDL公司财务战略转型的目标

（一）运用信息技术，推进"三型两网"建设

为顺应时代发展浪潮，抢得信息化经济发展中的一席之地，国家电网有限公司适时做出了战略调整，提出"建设世界一流能源互联网企业"的新时代战略目标。在该背景下，一方面，应对智能电网进行不断加强与完善，进一步提升电网配置资源能力、智能互动能力以及供电保障能力，抓住能源革命的契机，站稳自身的脚跟；另一方面，应通过创新精神使泛在电力物联网的建设工作得到进一步提升，以有效促进电力系统的运行水平，为电网企业的整体运行效率提供支撑。

HNDL公司作为国家电网公司的子公司，为响应国家电网公司的战略调整，配合国家电网公司战略的实施，也做出了一系列的工作部署。其在财务战略转型方面做出了多项改革措施，如大力推行多维精益化管理体系变革；成立大数据部，建设强有力的信息技术支撑体系；将现代信息技术手段深度融入企业的财务管理体系，实现企业财务从会计职能逐渐向管理职能方向过渡。

（二）完善财务集约化，形成价值导向型财务管理体系

HNDL 公司的财务专业可以分为八大业务职能，分别是预算管理、会计核算、资金管理、财税管理、电价管理、资产产权管理、工程财务管理、稽核评价。这八个方面分别对应公司各大专业的业务活动，因此，实行财务集约化具有非常重要的意义，可以更加有效地管理和调配公司范围内的人、财、物资源，帮助企业创建价值导向型的财务管理体系。

《国家电网公司财务集约化管理实施方案（试行）》对财务集约化管理工作进行了部署。在该方案中，国家电网公司为跟随社会发展形势提出进一步提升集约化管理工作的战略要求。HNDL 公司在开展组织架构变革工作时主要通过集约化、扁平化、专业化发展的方式，使管理模式以及业务流程得到创新与优化，进而保障"三集五大"体系建设工作稳定进行。

在集约化管理攻坚战中建设"三集五大"体系，不仅可以使市县一体化、专业垂直管理模式得到严格执行，还可以对企业业务管理流程进行全面优化，形成价值导向型财务决策体系；持续对财务管理模式进行创新，以管理价值为导向，对公司各大业务流程与财务集约化的协同衔接实施强化，使公司运营效率、资产质量和经营效益得到全面提升。

（三）培养优秀人才，形成企业竞争力的支撑点

HNDL 公司开展财务战略转型工作离不开人才的支持，而公司实际上已具备良好的人才储备，可以有效开展建设和优化工作。

1.培养经验型人才

在开展综合服务中心建设工作时，通过财务专业人才与业务员的不断加入，其工作内容、工作形式以及工作地点已进行相应的调整。随着综合服务中心的不断建设，为将有关财务人员进行妥善安置，电力企业采取了一系列的措施，增加其与上级沟通交流的频率，使其工作思想在一定程度上得到调整，同时开展有关培训工作，为有关员工快速适应新工作内容与工作方式提供保障，针对调整工作地点情况，电力企业应及时解决有关工作人员的食宿问题。员工对工作的积极性与创新性在有关措施的保障下得到了充分激发，同时员工在建设过程中的与财务共享有关的知识与建设经验也得到了一定的积累。企业可以将这些工作人员统称为"经验型人才"，可以直接将其投入财务共享优化活动中。

2.实施管理人员培训

企业对各类管理人员提出的培训体系进行研究，使专业委员会的引领作用得到充分发挥，开展全员培训工作，并对各专业推广工作进行总结与完善。

以实效为先的原则为基础，并与学习动力圈的研究成果相结合，同时通过系统对管理人员实施培养、激励以及考核工作；采用一体化模式与制度，对管理人员培训出现的问题进行有效解决；与良好发展的咨询机构进行合作，并对培训项目进行研究与策划，集合公司实际情况，对通用管理能力课程体系进行开发；充分发挥专委会的效用，在网络学院各专业中创建配套的与管理类有关的课件，将资源提供给线上专业管理人员。

3.实现学习地图引领新员工培训

实现在网络学院中使用各专业生产技能的学习地图。开展培训资源建设工作时应具有一定的针对性，可将自主学习的资源路径提供给新进的员工，以有效实现各形式培训的管理与考核工作，进而有利于开展对新员工的培养工作。

以现有学习地图研究成果为主要基础，同时以网络学院平台为媒介，实现了在网络学院中有效整合岗位胜任力以及员工职业发展为主的知识地图；以学习地图为指导，对员工学习活动的计划性、目的性以及有效性进行强化；广泛推广与应用学习地图，连接学习地图、校务系统、人资协同平台，考核与管理新进员工的培训工作。对地图整合引领作用进行利用，促使生产技能培训资源加快体系化建设，有效开展"师带徒"现场培训实施工作，为新员工建立良好的氛围环境，为有效培养与使用新员工打下坚实的基础。

三、HNDL公司财务战略转型路径和转型效果

价值管理的核心内容是对企业各经营环节进行价值衡量，通过对价值驱动因素的评估和分析，挖掘企业中各经营环节的价值增长潜力，消除非增值作业，以提升企业的价值。HNDL公司的营业模式特殊，在售商品单一，进行立足于价值管理的财务战略转型，可以充分发挥财务管理对公司价值提升的作用，开发公司价值增长的新途径。

（一）HNDL公司立足价值管理实践，开拓财务战略转型路径

1.建设财务共享中心，提高资源配置效率

（1）财务共享中心的概念。通过财务共享中心的有关理论与国内外运行、

实践活动可以明确了解到，在集团体系范围内对大量重复、分散的财务进行交易，是导致其共享的核心，而企业在集中、高效、准确处理工作时，主要通过信息化和专业分工的方式进行。由于在集团体系内存在共享中心，可以将财务交易的跨组织、跨地区的支持服务提供给企业内部业务单元，在有效提升财务核算效率的同时，对财务风险进行积极防范。

（2）财务共享中心的模式探究。密切的业务伙伴与高效的交易处理者是财务共享中心的组织定位，具体内容如下：

一是密切的业务伙伴。作为处理基础财务信息者，财务共享中心应与业务紧密相连，通过对业务实际情况的反馈，及时将有效信息传递给企业上级管理层。

二是高效的交易处理者。财务共享中心将使用流程化、集中化手段对交易业务的财务实施处理，而合理设计信息系统的流程不仅可以大幅度提升业务处理效率，还为其处理的准确性提供了保障。

具体建设流程如下：

①分析评估现状。在系统上线初期阶段，公司完整地分析了财务运行的需求，但主要是为系统软件转换的准确性和功能的合理配置服务，评估工作细化到岗位职责与具体人员配置，有效地梳理与整合了企业的业务与财务。

分析评估是从调研访谈开始，通过调研公司高层、财务体系领导、职能部门及下属公司负责人、关键模块财务人员及业务人员，对公司战略因素、企业转型需求、财务组织架构、业务与财务关系、财务人员分工以及操作建议等进行沟通与讨论，从而达到全公司范围内财务转型与财务共享服务理念培训与宣贯的目的。

通过开展分析评估工作，有关研究人员总结了财务职能调研过程中存在的问题，其主要关系到资金管理、预算管理、财务核算、内部控制、财务分析、专业财务等方面，其中每个模块均包括现状描述、问题的发现与分析、先进经验与实践、初步建议四个方面，为后续工作的开展打下了坚实的基础。

②明确目标改进方案。以有关研究人员在分析评估中的建议为先决条件，对财务组织架构的设计与相应的职能提出要求，依据共享服务具有的特点，独立运作财务核算的内容，其主要目的是对共享的资源进行利用，达到集中处理重复交易核算的目的，使财务核算流程与财务核算效率得到有效提升，进而扩大自身经济规模的优势。与此同时，将分工的主线设为会计循环和会计交易处理流程，对其余财务业务进行区分化，明确共享中心业务内容。

③共享服务建设的实施。以剥离的核算业务为基础，完善与优化各个共享业务流程，并进一步明确岗位责任人，最终建设的共享中心组织架构如图6-5所示。

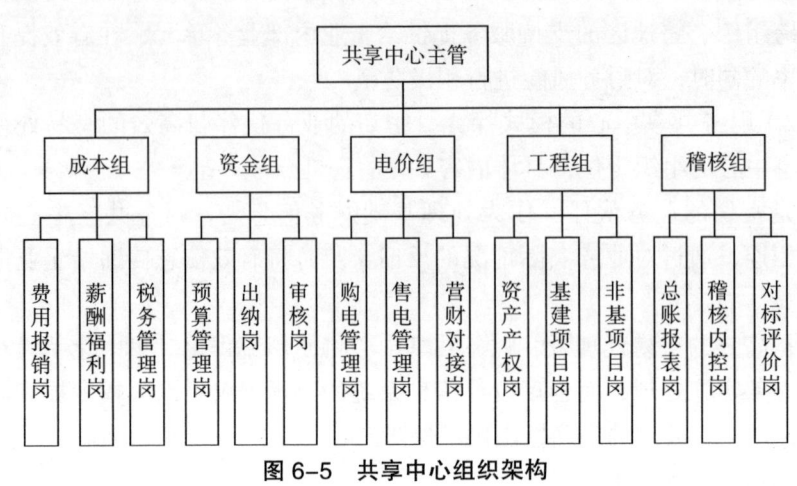

图6-5 共享中心组织架构

组织架构层级：
- 共享中心主管
  - 成本组：费用报销岗、薪酬福利岗、税务管理岗
  - 资金组：预算管理岗、出纳岗、审核岗
  - 电价组：购电管理岗、售电管理岗、营财对接岗
  - 工程组：资产产权岗、基建项目岗、非基建项目岗
  - 稽核组：总账报表岗、稽核内控岗、对标评价岗

2. 完善信息系统建设，推进财务业务融合

财务管理转型活动的开展应与信息技术环节相联系。只有将财务管理体系建立在财务信息化系统上，才可以有效提供与分析供电企业财务管理转型所需的信息。财务管理转型的效果受信息化水平的影响。信息化在企业管理中的应用主要以办公自动化系统和信息网络化管理为主。现阶段，HNDL公司在公司经营中主要运用ERP管理系统，这是一个综合功能较强大的系统，可以应用在企业管理的多个方面。但越是运用广泛，就越容易在特定方面不甚精通，随着HNDL公司经营的发展，ERP在财务、营销等方面的应用也开始出现力不能及的情况。

为有效推进财务与业务的一体化融合，HNDL公司加大对信息系统的投入与建设，开发财务管控系统来实现对各业务系统的整合。安排专属项目组，开发系统间接口，保障系统间数据的联动性，进而打破信息壁垒。通过有效地实施系统建设，将信息流的处理和联通作为核心内容，有效打通业务与财务间的信息传递，消除信息孤岛。

公司一方面不断利用信息技术完善现有的管理应用系统，一方面加快创新，建设泛在电力物联网。把泛在电力物联网作为公司战略转型的核心，按照"小投入、大产出"的原则，持续夯实基础平台支撑，深化各业务场景的开发运用，推进移动应用整合，赋能电网建设运营，实现各专业数据共建共享、业务协同管控，提高管理运行效率。

3.施行多维精益化变革，优化会计核算体系

现代化信息技术背景下，HNDL公司当前的会计核算体系已无法适应和满足新形势下内外部的双重管理与监管要求，所以需要构建一套深度融合现代信息技术的契合公司管理实际的多维度业财信息记录和披露体系。多维精益管理变革以价值创造为目标，充分利用数字化智能工具，对经营活动进行多视角、多属性数字描述与洞察分析，推动思维方式和经营机制变革的数字化转型创新实践。变革的阶段性进程如图6-6所示：

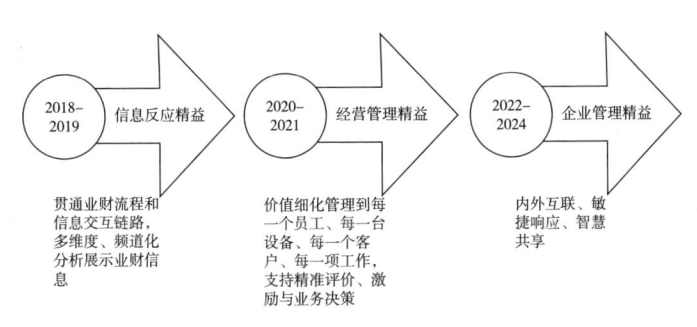

图6-6 多维精益管理变革进程

结合图6-6的理论分析框架，可发现此次变革是一次自上而下的、强烈的、结构性的变革，表现为国家电网公司顺应数字革命和能源革命融合发展新趋势，提出建设"三型两网"世界一流能源互联网企业的新时代发展战略，因而各企业的财务战略相应做出转型调整，所以这是一次自上而下的战略转型。基于会计管理化改造、数字化体系搭建和流程在线贯通，价值精益管理覆盖国家电网160万员工，13万个基层班组，16万个作业，4万亿电网资产和4亿客户。多维精益管理改革已覆盖整个国家电网公司，如图6-7所示，所以其也是一项强烈的、结构性的变革。

图 6-7　多维精益变革覆盖范围

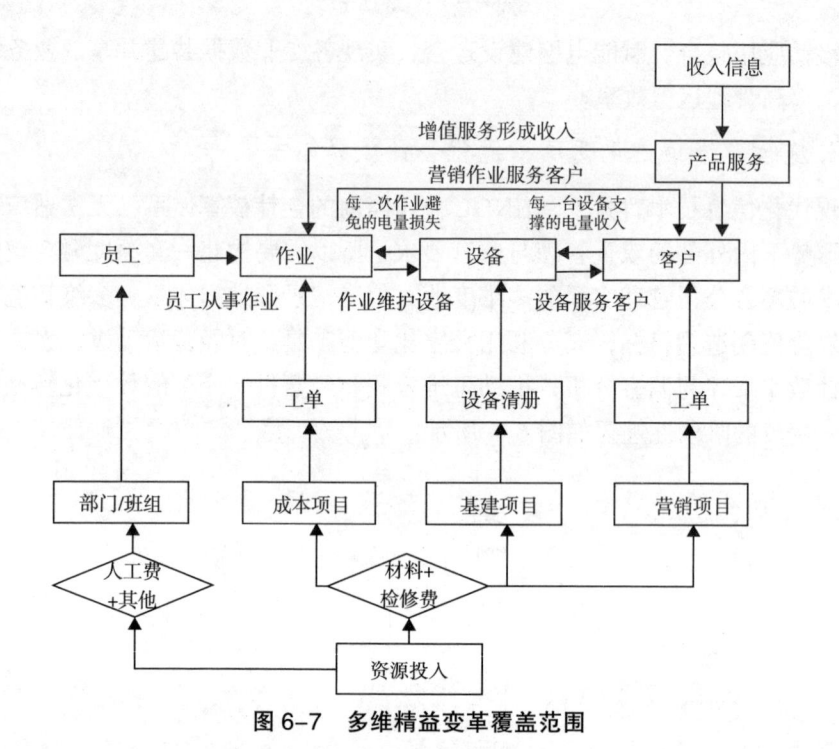

此列变革所达到的转型效果是迅速且充分的，在公司系统内各单位及财务部门的大力支持下，HNDL 公司多维精益管理改革已取得了阶段性的工作成果。每月末，报表系统能够自动识别 ERP 系统中的账务处理和资产各个逻辑字段的控制信息，成功出具多维管理报表，从业务活动、成本大类、资产电压等级等多个方面反映成本支出及运行维护费用。

4.部署战略预算体系，加强财务管控能力

从预算管理角度分析，只有形成完整的预算管理体系，才能保证项目预算管理强度不断提升。预算通常在财务及前端业务部门链接中起到重要作用，其包括事先计划、过程控制、事后分析，是实现财务管理转型的重要依据。将预算和企业战略有机融合之后，可以提升预算与企业发展之间的关系，引导企业详细规划发展步骤，帮助企业财务管理实现提升。HNDL 公司将全面预算管理作为指导思想，持续深化预算管理，着力优化资源统筹，侧重预算对公司及电网健康、可持续发展等方面的导向作用，分节点加强预算执行的过程管控，并创新建立成本预算回收再安排机制，确保预算规范、有序执行，充分发挥预算对业务活动的管控作用，提升财务与业务的协作能力。

（1）以动态分析为手段，提升预算的过程管控能力。强调将预算与年度经营目标相结合，寻找业绩下降原因，并作出针对性分析，依据问题原因采取相应增供扩销、降低基础运营成本等方式。

（2）运用项目化预算管理方式，实现信息化的全程预算管控。HNDL公司通过SAP（Systems Applications and Products in Data Processing，系统应用技术与产品的数据处理）搭配"全程预算管控工具"，从而保证对整体项目进度精确把控，并对数据进行整理分析，通过这样的方式，对项目预算执行情况进行定期分析，从而使得整体财务情况简单明了。

（3）将财务预算和业务实际相融合，使得财务预算与整体计划相匹配。由财务部门主导对预算进行编制，并引导其他部门积极配合，从数据入手，保证业务预算编制科学、直观，使其与业务计划相匹配。在进行责任划分时，要坚持独立性、实效性的原则，防止各个部门在出现问题时互相推脱责任，导致追责难度大的问题。财务管理与前端业务之间属于管控关系，通过财务管理的管控可保证各阶段工作的连续性和完整性。

（4）制度能否起到作用与执行力密切相关，因此考核激励制度必须要落到实处才能发挥作用，预算管理的考评指标需要与整体工作业绩相关联。

5.强化资金管理体系，提升资金使用效率

以年度预算为"抓手"，在资金预算管理体系中保证月度预算和月度资金使用相融合，使得闲置资金能被高效利用，提升整体效益。

（1）将月度预算与月度资金使用量相融合，形成资金预算管理体系。实现月度资金流量预算管理，通过月度预算上报——支付事项提报——支付事项审批——付款流程归集这四个阶段的流程管理，实现整体资金流入流出的动态平衡，实现有序开支。财务资产部门要依据业务活动实际，科学地制订资金管理运作计划，以全面预算为基础，将年度总预算作为资金项目预算分解的依据，从而明确月度现金预算目标。

①资金支付提报纳入财务管控系统。通过财务管控系统中月度现金流量提报模块的功能约束资金支付，实现线上监控。完善资金支付管理，优化支付功能，通过部门间的协同工作，提升资金支付与月度现金流量预算之间的结合度，使得资金支付规范化，提升资金支付效率。

②实行资金支付"按日排程"，增强业务前端规划能力。HNDL公司将财务管控系统、SAP系统进行联合，将资金支付与预算提报合二为一。由业务部

门安排支付进度，提高资金支付和预算完成的准确性。当产生资金支付需求时，业务部门可直接在ERP中录入支付单据，预排支付时间，在传递到财务管控系统后，自动生产现金流量预算，待财务部门审核原始凭证后，便可完成支付，这极大地提高了支付的及时性和准确性。

③要保证现金预算考核机制的全面性，应与公司业绩考核体系相关联。在每个月对预算执行情况进行汇总通报，保证预算及执行的准确性。按照公司的经营实际，制订月度现金流量预算执行考核方法，由财务部门考核各个业务部门的月度现金流量执行情况，同时收集月度现金预算完成情况并进行评估汇报。在此过程中，如果发现错误或问题，则需要在下月现金预算编制中对相关问题进行重新规划；当某些部门出现月度资金预算收支偏差较大的问题时需要进行考核兑现。

（2）在资金使用方面要积极探索提升效率的方法。HNDL公司严格管控资金审批流程，合理地规划各相关岗位职责，使得印鉴、票据、网银秘钥以及支付流程均处于规范化管理之中；周期性地检查资金使用风险点，并将整体自检安全管理执行情况进行记录和反馈；在支付管理、支付审批操作等方面严格执行相关审批流程，使得资金流向时刻处于监控之中，保证资金的安全，并及时开展资金往来清理工作，提升整体资金利用率。

（二）HNDL公司财务战略转型效果分析

HNDL公司财务战略转型已经进入深化发展阶段，企业内部的财务管理工作内容发生了重大变化，公司业务流程、账务处理方式发生了巨大变化，随着财务共享中心建设的实施，公司财务组织架构方面也发生了巨大变化。财务工作内容与工作方式的不断改变极大地提升了财务信息的集成度，改变了电力企业财务核心单一核算的传统模式。HNDL公司在战略转型发展中成功摒弃了旧面貌，实现了新发展。

1.会计核算管理效果

多维精益化管理变革的实施，改变了HNDL公司以往的会计核算体系，从顶层设计上完善了财务政策标准体系，提升了公司财务信息输出质量。多维精益化管理变革转变了以往粗犷的管理方式，精细化管理到每一位员工、每一台设备、每一项作业，以资产设备的电压等级、电网作业的业务活动类型、支付业务的费用明细相应地将会计核算数据进行多个维度的拆分统计，使公司的成本支出更加明晰化，公司的会计信息与业务信息管理水平得到改善。

在现代信息技术背景下，财务战略管理实现了会计信息自动制证，工作效率显著提升。在财务管理转型升级中，HNDL 公司财务管理中的发展、人资、运检、建设、营销、信通、物资等关键业务部门的信息实现了高度集中，信息集成化发展在促进企业财务信息核算向前端业务转移方面意义重大。本次财务战略转型中，HNDL 公司引入了 ERP 系统、财务管控系统、员工报销系统、电力营销系统等多个应用系统，以各个系统平台相互结合，极大地方便了财务管理工作。应用系统平台可在线实现存货收发、服务业务确认，使企业员工报销、电费结算的会计信息自动生成，自动化效果显著。应用现代信息技术的 HNDL 公司实现了会计凭证集成率达到 99% 以上，实现了企业信息从业务端到信息报告端的全程监控与实时反馈。

2. 信息系统建设效果

通过对信息系统的建设与应用，企业实现了业财一体化管理模式。HNDL 公司财务战略转型工作的开展，使得成本及费用的支出直接从企业业务源头出发，将以前由业务部门拿着单据找财务记账的方式转变为业务部门从该项费用发生的最初就将其录入系统，然后由财务进行审核的模式，努力实现将财务管理工作内容推向业务前端。成本费用被计入业务系统后，由业务系统推送至财务 ERP 完成账务处理，随后推送财务管控系统完成支付。此外，HNDL 公司通过开发信息系统的功能，建设系统间信息传递接口，实现了业务管控一体化工作内容，财务管理工作实现了对经济业务的各类事项内容进行全面监督、控制，实现了业务处理方式的规范化、标准化与合理化在业务流程中的应用与渗透。

HNDL 公司的信息化系统建设，打通了财务与业务部门间管理系统的融合，提升了财务管理的效果。其最典型的表现便是电网资产的管理，设备部门使用 PMS（Power Production Management System，工程生产管理系统）对设备实物进行管理，财务部门运用 ERP 系统对其价值进行管理。由于电网资产数量多、价值大，而实物管理与价值管理相分离不能达到时时联动，以前的资产管理水平一直处于较差状态。自从 HNDL 公司财务战略转型后，加快了对信息系统的建设，打通了 PMS 系统和 ERP 系统的接口，使其资产管理水平得以改善，各项指标均得到了明显提升。从电力资产购入时起，由设备部门在 PMS 系统中录入设备台账，然后发起联动流程，传递至财务 ERP 中，由财务部门确认后在账上形成资产，这使得资产设备对应率得到极大改善。HNDL 公司通过完善信息系统建设,更好地实现了资产全寿命周期管理。该管理理念是对公司实物资产进行全方位、系统化、科学化的监督管理,以全局视角统筹优化期初规划、建设设计、采购安装、运行检修、退役处置等主要纵向环节。此外,企业资产全寿命管理工作是企业战略管理及后续承接工作中的重要组成部分,与企业的战略转型发展密切相关。

3. 预算管理效果

HNDL 公司不断拓展预算工作的广度、深度和细度,建立了上下左右网络式沟通,构建定位明确、分工有序、管控有力的项目预算管理体系,促进业务与财务有序衔接。公司按照国家电网公司下达预算,细化编制公司当年预算执行方案,经公司预算管理委员会审议、决策会议审定后下达,组织各单位将预算细化分解,落实管理责任,进行预算控制。加强预算执行分析,密切跟踪经营形势和电价政策调整情况,开展经营效益动态测算,编制公司预算调整方案。

开发项目储备平台,创新实现成本支出项目化管理、以项目预算来控制的管理模式,强化成本预算管理,建立支出预算管控机制,明确各级单位成本支出需求提报、审核流程,统一预算内事项实施前审批标准,开展成本预算管理评价和大额成本稽核,试点应用成本预算管控平台,持续提升成本管理精益性和规范性水平。预算项目按照国家电网公司项目储备工作部署,全面参与和推进项目储备财务评审工作,加强项目的经济性和合规性论证,深化项目管理平台应用。按照公司电网基建"放管服"工作要求,优化项目储备、预算发布及调整功能,增强基层单位工作的自主性。实现预算管理从管指标到管项目,全面应用全链条预算管控工具,实现向项目预算管理的重要转型。

4. 资金管理效果

资金预算管理体系的应用,使得 HNDL 公司能够及时把控资金状态,系统分析公司融资现状与面临形势,全面测算年度融资需求,编报年度融资方案,提交公司决策。公司持续拓展融资渠道,积极协调内外部金融机构,努力保障资金供应和电网建设资金需求。

HNDL 公司在财务转型战略实施以来,一直按照"先内后外"原则,挖掘资金潜力,减少资金沉淀,优先使用自有资金,有效压降货币资金余额,盘活存量资金,减少融资需求,大幅提高资金周转效率。

四、HNDL公司财务战略转型的优化建议

（一）优化价格管理机制，巩固电价改革成果

1. 认真研究国家政策，争取合理调价方案

HNDL公司需认真贯彻落实国家降低一般工商业电价的重要部署，坚持"既要落实国家降低一般工商业目录电价10%目标，又要保持公司经营持续稳健"原则，紧密结合当地经济发展实际，研究提出公司的应对策略，争取合理的调价方案，努力实现"落实国家降价目标，维护公司合理利益"双目标。政府虽提出降低一般工商业电价，但相应也降低了电费附加基金的征收比例，公司应该认真研究国家各项减税降费政策，可以从税务筹划、政策优惠等多渠道争取降价资金来源，优化公司价格管理机制，争取从其他方面来保障公司利益，尽力抵消降低一般工商业电价给公司收入方面带来的压力。严格执行价费政策，动态开展公司准许收入完成情况分析，预计全年准许收入、输配电价均超核价完成，有效巩固输配电价改革成果。定期开展电价综合分析，为公司决策提供支撑。

2. 积极适应输配电价改革及监管新形势

公司组织研究适应输配电价改革优化经营管理策略，以"建机制、争水平、优管理"为着力点，争取合理核定新一轮准许收入和输配电价，实现降低用能成本与电网可持续发展协调平衡。组织开展适应性调整，夯实有效资产基础，提前为下一监管期输配电成本监审和价格核定夯实基础。认真组织提供公司成本监审相关资料，保证数据填报质量，做好成本监审现场迎审工作，确保合规资产、成本全部计入输配电价；充分反映电网运营发展实际需要，争取合理定价参数避免准许收入和电价水平出现大幅波动。充分利用清理电费附加收费、下调增值税税率、扩大市场化交易规模等政策、途径，积极完成降低社会用能成本任务。

3. 持续优化价格管理机制

公司应积极开展增量配电、分布式光伏就近消纳等价格形成机制研究，分析测算本省电价交叉补贴，争取到本省试点方案，明确分布式光伏就近消纳，使"过网费"标准在国家政策的基础上增加交叉补贴，维护公司利益。做好新能源发电、售电公司等市场主体电费结算，推动健全市场竞价与结算规则，加

快电费结算系统建设，更好发挥价格引导作用。以国家电网公司部署"全国统一电力市场电费结算系统"为契机，全面梳理公司业务需求，打通调度、营销、交易至财务的数据链路，做好系统部署前适应性培训，提升各单位专业技能；常态化开展营财一体化数据治理，持续提升电价分析数据质量。

（二）以创造和管理价值为核心，推进运营提质增效

价值管理是一种基于价值的财务管理方法，源于企业追逐价值最大化的内生要求，其以规划价值目标为手段、整合各种价值驱动因素和管理技术，梳理管理和业务过程中的创新点，提升企业价值。HNDL公司将价值管理理念融入财务战略转型，以此引导财务管理创新，推进经营降本增效。

1. 完善管控机制，持续强化预算管控

公司应积极应对电量增长乏力、电价持续降低等挑战，持续深化预算管理；制订、加强和规范支付预算管理的相关办法，规范各级单位成本支出需求提报、审核流程；完善成本预算管控机制，全面梳理成本预算全过程关键控制点，建立成本预算管理评价体系，对支出预算的必要性、可行性、经济性、合规性，严格履行经济研究院（所）、预算管理委员会、决策会议"三级"审核程序；科学研判经营形势，统筹资源配置，为重点工程开工复工、优质供电服务等提供有力支撑；动态监控公司经营，加强预算执行分析，密切跟踪经营形势和电价政策调整情况，及时采取预调预控措施，开展经营效益动态测算，编制公司预算调整方案，确保公司年度经营目标顺利达成。

2. 加强支出管控，提升成本管理水平

公司应在各级分公司统一预算内事项实施事前审批标准，加强成本支出过程管控，督导通报预算执行进度，推进成本开支规范有序；修订完善成本支出的相关制度办法，优化成本储备管控流程，健全成本项目出入库管理机制；精益管控生产运营成本，加强非监管业务成本管控，优先保障安全生产、优化营商环境、基层供电所等关键、重点成本支出需求，提高投入产出效率；针对符合大额标准的成本支出，开展专项稽核，防范支出风险，持续提升成本管理精益性和规范性水平。

3. 深化"放管服"改革，推动经营提质增效

公司应积极应对严峻经营形势，聚焦效率效益主线，统筹当前与长远，以改革创新为动力，以精益运营为导向，以依法合规为底线，转观念、解难题，

补短板、勇攻坚，深入开展运营提质增效。HNDL 公司可以借助国家"放管服"改革的东风，将"放管服"作为推进经营提质增效的"先手棋"，激发组织活力。深化"放管服"改革，简政放权是第一步，公司应全面梳理财务业务流程，勇于"做减法"，实施权责"能放就放"，压缩审批事项、简化审核流程；以放促活，激发财务工作效率。以资产报废为例，公司可将资产处置权力下放至市县公司自身，如市县公司管辖范围内的资产，可由市公司自行决定，对于金额达到一定标准，或者跨市、跨省、跨区的整条输电线路这些特殊资产的报废，再提交省公司进行审核。

（三）凝聚创新资源，实现信息共建共享

1.凝聚创新资源，打造数据共享平台

由于社会科技的不断发展，企业的发展需要大数据的支持，信息化系统在企业的运营中发挥着重要作用。2019 年 5 月，国家电网有限公司大数据中心落成。它是公司数据管理的专门机构，是集数据共享、数据服务、数字创新为一体的公司数据平台，专门负责公司数据的专业化管理，以此来实现数据资产的统一化运营，全面确保数字资源的有效利用，以此为公司建设"三型两网，世界一流"的战略目标提供坚实的数字化支持。

HNDL 公司应紧随脚步，相应成立大数据部，以信息平台的优化为基础，提升公司财务共享中心的信息传递速度，使得信息平台能够快速为企业内各个部门提供所需的重要信息。大数据部应以企业转型升级为导向，全面整合大数据前沿先进技术的运用，贯彻落实高起点、高标准与高定位，坚持创新与改革，积极进取，确保系统的整体谋划与优良的设计；同时，积极加快数据资源的整合进程，建立数据壁垒，全面实现数据的汇聚、融合、共享、分发、交易以及高效率应用与增值服务，以此来为企业战略发展提供优质的平台化支撑。

目前 HNDL 公司除了在采购、销售、物流、生产方面实现了自动化，还将大量资金投入系统建设中，因为要实现系统的高层次性及智能化就需要源源不断的资金支持。在完成系统建设后，应积极地对系统的整体功能进行科学的评估，面对问题积极优化，妥善解决。同时，在新旧系统之间应全面地实现数据的整合与传输，并且降低数据匹配的难度，全面实现数据的共享。

2.深化多维精益管理，强化会计核算功能

多维精益化管理体系变革是电网企业会计核算方面的重大转变，它以服务改革发展、促进精益管理为核心,扎实推进会计精益核算和财务报表规范管理,提升业务处理标准化、自动化、智能化水平,实现价值信息共建、共享、共用。HNDL公司应严格执行新会计准则及国家电网公司印发的新会计核算办法,加强对会计信息的宣贯指导,强化会计信息的落实应用,持续提高各单位会计核算能力和规范化水平,实现财务对业务的精准记录,增强会计反映和监督能力。

HNDL公司应在精益管理上下功夫,通过技术进步、工艺改进、管理创新、数据驱动等措施深入挖掘存量资源,提高现有设备和资产的利用效率;深化多维精益管理,推进业务与价值融合,在精细作业上下功夫;向公司员工强调精益作业,弘扬工匠精神,把严谨细致的理念贯穿生产、建设、运行、财务等各个环节。

3. 加快信息化建设,推进系统整合

近年来,信息技术的发展和应用促进了公司经营模式的变革。信息技术在财务工作中的运用,赋予了财务管理模式新的生机,加快了信息化建设,优化了财务管理模式,助推了公司财务战略转型的实现。HNDL公司应聚焦自动与智能,有序开展财务信息系统整合,持续推进业务处理自动化和经营决策智能化,切实减轻基层负担。HNDL公司应借鉴先进行业实践和典型经验,搭建财务流程自动化平台,为财务业务应用提供基础技术支撑;加快财务信息系统优化整合,逐步实现主要财务操作"一个系统"、对接相关业务"一个平台"的模式,彻底打破系统分散的僵局。

(四)优化人员评价体系,建设财务人才队伍

1. 财务共享中心人员培养计划

员工管理及培训在HNDL公司的财务战略转型中占有重要地位,转型的每个步骤都需要员工主动参与,因此员工如何快速适应并胜任财务战略转型中的工作是目前需要重点解决的问题。

(1)明确责任。财务战略转型中的各个环节对于企业运行起到举足轻重的作用,这些环节能否合理关系到整个公司的业务进展,因此在责任细分上需要作出系统性规划,并且增加环节进行前后的检查和复合,从而降低工作强度,提升整体环节的工作效率。

(2)人才培养。HNDL公司的财务共享中心要强化部门内部合作,稳定员工工作,从而打造出一支符合财务共享中心要求的专业化、高素质的团队。

管理者需要在团队内部建立一套稳定公开的职工晋升模式，使得每位员工都有晋升的机会，如图 6-8 所示。

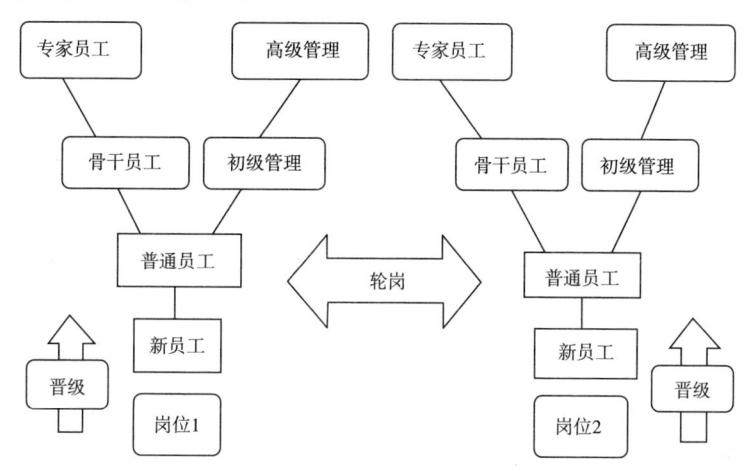

图 6-8　晋升体系示意图

在公司内部营造和谐发展的气氛，带领团队积极向上，设立团队共同目标，引导部门员工思想汇聚，提升员工工作效率。部门领导要积极为员工规划出一条合理的晋升线路，吸引部门员工以更高的热情投入到工作中去。领导层要集中人力资源，在公司内部建立一套系统的人才培训机制，由核心人才带领普通人才共同发展。企业领导需要注意及时对员工的技能及专业素质进行培训，并且在培训过程中要遵循标准化和规范化原则。另外，当财务共享中心员工在工作中遇到问题时，部门领导要予以足够的重视，并派出专人进行解答，加深员工对工作的理解程度，并定期开展业务素质培训，帮助他们提升自身的专业素养，使得他们在相关财务工作中能利用专业的知识提升工作效率。

企业要及时了解员工的思想状况，并借鉴吸收员工的相关意见和建议，从而帮助公司在变化的市场环境下得以发展和进步，实现公司和员工的共同发展。

2. 财务共享中心人员绩效设计

财务共享中心的建设是财务战略转型中的创新，要紧跟时代发展的脚步，以积极求变的思路，时刻优化自身工作内容和方式，并且积极顺应环境的变化，为企业提供时效性强的数据。依据 HNDL 公司的基本情况和特点，需要在组织绩效和人员绩效上建立双重评价体系，从而使得财务共享中心科学合理地运行。

（1）组织绩效。HNDL 公司的财务共享中心直接归于总部管理，所以公司内部业绩考核时，要将财务共享中心作为一个单独的部门进行组织绩效。在考核过程中，相关人员需要结合财务共享中心的特殊性，在客户满意度、服务投诉、员工离职率等方面进行重点考察，如表6-1所示。

表6-1 财务共享中心的组织绩效指标

名称	指标	名称	指标
财务维度	单笔业务成本预算比	学习与发展	员工培训成功率
	人工成本占中心的总成本率		员工创新观点实施率
	更正不匹配不合规发票金额比例		员工考勤登记率
	本中心处理业务差错率		员工轮岗实施率
	本中心处理业务的及时性		共享服务员流失率
内部流程维度	本中心计划工作完成率	客户维度	客户满意度
	报表的按时达标率		处理问题及时性
	本中心对新业务的响应		业务操作错误率
	凭证保管遗失率		有效投诉数量

①财务维度。HNDL公司建立财务共享服务中心的目的是实现相关经济活动，优化成本结构。因此，在预算完成度上可以明确地反映出财务指标，其通常包含独立业务成本、共享中心的成本、人工成本、预算比等数据。

②学习与发展维度。要实现员工整体专业素质和相关技能水平的提升就需要学习维度创新，只有专业素质得到提升才能使得财务共享中心实现功能性的提升。

③内部流程维度。HNDL公司需要在管理制度上运用科学标准的方式，提升员工的企业文化价值观，使得员工能够将企业文化作为自身的动力，积极投身到企业发展中去。其中主要包含业务处理效率、工作完成度、对新业务的影响等。

④客户维度。对于HNDL公司来说，必须要维持高标准的客户满意率，才能体现服务的价值。只有及时和客户进行沟通，并按照客户需求提供满意的服务，才能长久地稳定客户。其中的主要指标有客户满意度、处理问题的效率、错误率。

（2）人员绩效。HNDL公司的财务共享中心员工的整体专业素质以及专业技能水平关系到这个独立部门的整体效率。在岗位职责分工上可以确定共享服务中心的主要人员划分情况，通常包含标准化的业务操作人员以及程序化的系统维护升级技术专员,因此,公司领导层在制定绩效评价标准时,需要依据实际工作内容和工作性质进行差异化评定。主要有下列两种方法进行人员绩效评定:第一种是将工作任务进行量化处理,通过任务量的多少来判断员工的绩效;第二种是从质量角度、创新层面和整体效率上来进行综合判断,如信息技术人员对整体系统进行创新性优化,相关领导需要依据创新成果的大小予以奖励。激励制度需要采取多样化的方式进行,实现奖惩结合的激励制度,保证绩效管理向着良好的方向发展。

HNDL 公司共享服务中心的人员绩效通常采取 KPI 方式进行考核。KPI 考核制度的应用可以引导员工与企业战略目标相结合。HNDL 公司通过系统化的 KPI 运作方式,明确地反映出员工的整体工作质量和工作效率,另外在指标拟定的过程中要注意选择能够进行量化的指标,从而方便统计。

HNDL 公司财务共享中心所掌握的财务数据,通常是由子公司收集相关数据并汇总到总公司后台中。通常情况下,企业中有专门人员负责相应的 KPI 指标统计,如果在统计数据收集过程中出现 KPI 指标异常的情况,则需要相关人员及时对各个流程和环节进行分析和复核,针对与公司业务相冲突的落后指标需要及时剔除,并重新拟定复核公司业务标准的指标,从而保证 KPI 指标在财务共享服务中心能够发挥积极稳定的标准化作用。

结合 HNDL 电力的 KPI 考核管理,列出相关财务人员的 KPI,评价指标如表 6-2 所示。

表 6-2　电力财务战略转型服务中心人员绩效评价指标

岗位名称	KPI	计算方法
财务共享中心经理	员工流动性	年运营成本/财务共享中心员工数
	客户对服务的满意度	各个服务公司对共享中心的评价
	业务流程的配置	业务反应,处理时间
	员工流动性	员工流失比率
	员工全勤率	员工实际全勤天数/员工要求全勤天数(%)
会计	核算信息及时性	核算信息准时次数/总次数
核算主管	核算信息准确性	核算信息正确次数/总次数
	会计人员满意度	下属对主管的评价

续表

岗位名称	KPI	计算方法
报账管理	报账凭证错误率	出错报账凭证数量/总报账凭证数量
会计	报账信息及时性、完整性	报账单位评估结果
报销会计	网上报销审核出错率	网上报销出错数量/总报销数量

HNDL公司在财务共享中心中融合KPI考核方式的运作模式下，一旦遇到实际问题，需要通过对公司的运营业绩、整体的稳定情况进行系统性判断。财务共享中心是一个大型部门，因此在建设初期缺少具备相关专业素质的人才，因此部分员工需要多多熟悉业务。在初期阶段，缺乏相关专业技能的培训使得部分员工整体业务的熟练度不足，并且在效率上和专业人员有一定的差距。所以要保证初期的工作质量，就需要其付出大量的时间来处理基础工作。另外，财务共享中心在流程优化上没有经过实践的检验，因此在应对实际工作时，其需要一定的时间来进行适应。

针对上述问题，财务共享中心要注重内部组织的培训制度建设，同时强化对实际工作的业务考核，部门内部需要定期开展技术交流座谈会，让新员工及时熟悉相关工作流程，从而快速解决工作中遇到的问题，当面临较为复杂的问题时，需要具备专业素质的人员进行一对一培训，从而提升基础员工的应变能力，使得员工的综合素质得以提升。公司应通过以上的方法让财务共享中心的整体工作效率得到稳步提升。另外，流程考核体系关系到财务共享中心能否实现规范化运作，如果流程考核体系设计得不合理或者缺乏科学依据，则必然导致财务共享中心的整体运行效率低下，难以完成相关的预定目标。

总体而言，考核结果和绩效奖励相结合是实现绩效管理的主要目标之一，通过这种方式能够激励员工的潜能，提升整体业务水平，从而实现整体素质的提升。考核的目的不仅仅是确定数据，更重要的是发挥激励的作用，从而带动员工的工作积极性。依据企业整体发展形势，绩效考核的结果应用如下：

①与企业职工的工资薪酬相关联。将员工工资和绩效结果相挂钩。在培养员工时，要明确"优胜劣汰"的核心思想，从而保证整体职工素质的稳定提升，经过长时间的"过滤"，可以形成一批综合素质较高的员工，从而增强企业的核心竞争力；如果没有相关竞争制度的影响，员工整体工作积极性就会下降，导致公司人员不断流失，从而使得公司的核心竞争力不断下降。

②与企业职工的职位岗位相关联。将职工的考核结果进行汇总分析，可以

帮助员工及领导认清目前员工与所在岗位之间是否相匹配，从而帮助员工规划自己的职位，并且依据不同情况对员工设计不同的调整方案，实现最大化的人员利用率。企业一定要保证"人尽其才，物尽其用"，让人才能够发挥自身的价值，从而使得企业与人才之间形成互相吸引的状态。

③与企业职工的教育培训相关联。企业领导员工的学习及培养计划制订需要参考员工的考核结果，确定员工自身的综合素质是否满足相关职位的业务发展需求。依据考核结果，来判断员工在岗位上所面临的问题，同时指出相关解决方案，并确定是否要对员工进行培训。

第三节　电子商务企业财务管理模式创新研究

一、电子商务企业发展趋势及特征分析

（一）发展趋势分析

自电子商务产生以来，我国电子商务企业如雨后春笋般出现，电商经济在多年的发展中，引领中国经济走向新的增长点。电子商务作为一种新兴的交易方式和商业模式，对产业升级的推动有着不可忽视的作用。中国电子商务经过二十多年的发展，B2C（Business-to-Consumer，商对客电子商务模式）已成为主流。电商未来将向两级市场增量及存量空间持续渗透，向上往品质电商渗透，向下往底线城市、两级年龄、中低教育水平用户群渗透，同时电商企业运用大数据精准满足客户需求、线上线下持续融合、互相导流等方式，在存量空间也具有较大用户价值挖掘潜力。

近年我国移动互联网用户增速逐年放缓，网络获取客户成本逐渐攀升，人口红利逐渐趋于消失，电子商务发展空间变窄，全国快速消费品销售额中线下渠道仍占74%以上，电商平台需要向线下转移盈利点。笔者认为，电商企业在保持传统品类竞争力的同时，应扩张更多品类以提升网络购物用户整体消费额与消费频次，以快速消费为代表的高频品类的导入也可提升消费者对电商的购买黏性与复购率，从而带动传统低频品类销量增长。

(二) 主要特征分析

电子商务企业与传统企业相比,其优越性是显而易见的。基于与传统企业的对比分析,电子商务企业有以下新的特征,见表6-3所示:

表6-3 电商企业与传统企业的特征对比分析

对比项	电子商务企业	传统企业
企业类型	1. 以资金密集型和技术密集型的产业居多,该类型突破对时间空间的依赖,有无可比拟的创新性,企业灵活程度高。 2. 多为新产品、新商业模式、新服务的创新型企业,把创新作为企业发展和生存的原动力。	传统企业较多涉及劳动密集型的产业;这种类型的企业对办公场所、劳动力数量有较高要求。
交易特性	1. 交易虚拟化:电商企业突破时间空间限制,交易市场网络化、虚拟化、电子化。 2. 交易成本低:实行"无纸交易",买卖双方通过网络进行商业活动,无须中介者参与,无须交易场地,减少了交易环节和交易成本。 3. 交易效率高:减少中间环节,缩短交易时间,克服传统贸易处理速度不高、交易费用大等问题。 4. 交易透明化:交易信息全程线上展示;交易过程实现了随时核查,避免信息伪造。	1. 在交易形式上,传统企业多基于线下进行现货交易,传统的结算和面对面接触式交易方式增加了成本费用,先付款后拿货或先拿货后付款易出现舞弊和信用问题。 2. 在信息传递上,电话、传真、信件、留言等方式耗费一定成本,大量信息传递受到耽搁,信息中间传递环节多,易延误传输时间,失去最佳商机。
融资渠道	主要融资渠道是风险投资,尤其是创业初期的资金来源更依赖于此;通常在创业期末拥有大量资金,因而前期投资和风险投资人乃至俗称的天使投资人成为电子商务创业团队在初期的重要资金来源,其收益率相较于传统制造行业来说更高、更值得投资。	传统企业主要是以滚雪球的方式慢慢经营,前期多需要具备大量的资金,待发展成熟走上上市之路后通过一级市场进行融资。
生命周期	生命周期特征并不是很明显,与传统企业一样具有创业期、成长期、成熟期、衰退期,但是相较于传统企业,由于其电子商务特质和风险投资的融入,电商企业由过渡期到成长期比传统企业更快,且保持着较长的成熟期,而其衰退乃至破产与传统企业相比也显得突然而急促。通常会有很多电商企业昙花一现,相比之下,电商企业的寿命也较短,据数据显示,通常电商企业存货寿命在3~5年。	传统企业的生命周期一般来讲较长,企业从创业期、成长期、成熟期到衰退期之间的过渡有一个漫长的过程,即使企业出现危机也能通过初期资金储备、固定资产等资产变现的方式"垂死挣扎"一段时间,因而其由盛转衰也是一个缓慢的过程。

续 表

对比项	电子商务企业	传统企业
内部机制	1. 方便性。电商企业内部机制较为灵活，企业能自动处理商务过程，同时能为客户提供完整服务。 2. 运营成本较低（采购成本低、库存成本低），使用区域物流。	1. 强调内部分工，传统企业内部机制僵化，很多都采取一套资源面对两种模式的体制，这也直接加剧了体制上的冲突。 2. 中国很多传统企业都拥有一套很呆板却又相当成熟的官僚机制，这使得很难去应对市场上的种种变局。
营销模式	营销流程标准化，对同一品类的商品制定一套相同的系统流程；同时在产品推广和价格上具有一定的优势。	国内很多传统行业营销方面以人脉和人情关系作为赖以生存的基础。
信息管理	1. 高效性。通过对客户访问、交易结果、购物动态和购买形式进行大数据归集，分析客户喜好，从而给企业开发生产提供信息，提高效率，增加企业发展机遇。 2. 集成性。信息处理高度统一，具有整体性，将电子信息处理和人工处理集成为一个不可分割的整体，从而规范事务处理的工作流程。	1. 效率低。 2. 企业上下级之间存在信息不对称，导致企业内部信息滞后、失真和不完整。 3. 由于核算人员的不同以及分工原因，部分数据统计的口径存在差异。 4. 信息管理整合程度较低。

二、电子商务企业财务管理模式创新分析

（一）电子商务对财务管理的影响

1. 财务管理流程的变化

电子商务环境下，企业的财务管理流程实现了业务与财务的统一，业务财务的协同体现如下：一是企业内部的协同；二是企业与其供应商的协同；三是企业与客户的协同；四是企业与相关部门的协同。会计流程的改善和业务流程的优化，有助于实现物流、信息流和资金流的有效统一，企业各部门实现了信息的相互连接和共享，信息反映滞后、业务与财务缺乏沟通的现状得以从根本上改变，同时与其他企业管理方法的协调与同步，有利于社会资源的优化配置，从而提高了财务管理工作的效率。相比之下，传统财务管理流程的首要特征就是财务与业务的剥离，并且财务管理流程比较固定和单一。

2.财务管理环境的变化

传统财务管理的环境主要是基于财务信息公开披露，管理环境相对而言较为封闭。电子商务从产生以来飞速发展变化，使得其财务管理环境变得多样化，不再局限于原来的企业内部共享，而是在大数据背景下实现万物互联、"万数"互联，这时，财务管理不再拘泥于企业内部的管理，而是趋于整个互联网大数据背景下的数据信息整合。企业为适应激烈竞争并在此环境中生存，也将随之不断改变财务管理方式。

3.财务管理研究对象的变化

传统财务管理研究对象主要是企业的资金运动情况。电子商务环境下，万物互联，企业的经营交易均可在互联网信息平台上进行，企业的经营交易信息、交易流程、财务信息、物流信息、业务信息、保险信息等都可通过互联网进行记录、保存和清晰呈现。因此，财务研究对象不但包括资金运动，也包括业务和财务的融合协同管理。电子商务环境下，企业财务管理研究对象是信息资源和资金运动的集合，但与此同时，由电子商务活动产生的各种交易模式、交易平台、信息管理等使得互联网融资投资成为其财务管理研究对象的重点。

4.财务管理内容的变化

在电子商务环境下，知识资本起着重要的主导作用。信息技术、人力资源、软件开发、专利权、商标权等无形资产对经济的迅速增长起着决定性的作用。知识经济时代的到来和发展促使企业经营所处的内部外部环境也发生了翻天覆地的变化，企业融资范围的扩大使得企业面临更大的财务风险，因此融资管理、投资管理、风险管理等对财务管理而言是大势所趋。

5.财务管理组织结构的变化

企业传统财务管理模式的组织结构较为分散，先对各个岗位以职能划分进行财务管理，再由财务管理人员根据各自岗位的不同职能分工进行工作。电子商务突破时间和空间的限制，实现了集中在线管理，其财务信息系统实现了网络化、动态化和跨区域化。企业集团可以通过财务共享面向分支机构，财务组织结构趋于集中化，实现了集中记账、远程审计。分支机构成为集团的财务报账机构。同时，极大地削减了分支机构的职能部门、财务人员和财务支出。

（二）传统财务管理模式的类型及其不适性

1.传统财务管理模式的主要类型

根据企业财权配置的不同方式，理论上将传统的企业集团的财务管理模式分为"集中式财务管理模式""分权式财务管理模式""混合式财务管理模式"。

集中式财务管理模式是指公司的财务决策权高度集中，由集团公司总部直接掌控。集团公司在内部财务活动和经营活动中实行集中管控并进行决策，成员企业和子公司必须严格遵循和执行。其特点是财务管理和决策权只有少部分属于子公司而高度集中于母公司。传统企业集中式财务管理模式将资本管理、预算管理、信息披露、财务组织运作融合在同一个体系中高度集权管理。其框架图如图6-9所示。

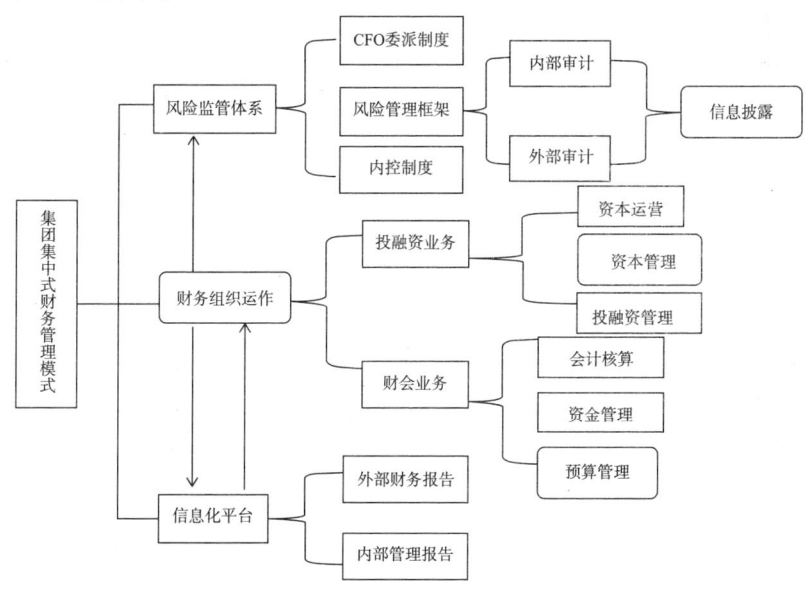

图6-9 集中式财务管理模式

分权式财务管理模式指在财务管理、决策和控制过程中按照重要性原则对集团公司、分支机构和子公司事业部进行合适有效的划分。方向性和战略性问题由集团公司负责。子公司在财务人员选聘和解聘、职工工资奖金福利制度、财务费用开支、资本融入和产出等方面拥有自身较为充分的决策权。同时可以根据公司具体情况和市场环境作出比之更大的财务相关决策。在管理上，母公司主要以间接管理方式为主，而不采用对子公司的生产经营活动进行干预的指令性计划的方式进行财务管理，分权式财务管理模式如图6-10所示。

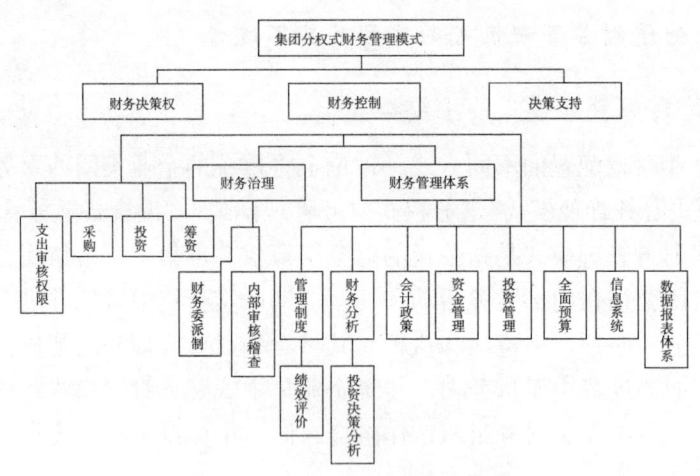

图 6-10　分权式财务管理模式

混合式财务管理模式是集中型和分权型管理模式的一体化，是二者的高度结合。该种模式较为适合事业部制的企业组织结构。混合式财务管理模式将企业投资、运营、预算、配送、财务等管理融为一体，它强调适度集权、合理分权。根据不同行业、服务、产品、位置区等对受众群体不同的事业部授予相应的自主经营权利，但同时使其承担自主决策、自负盈亏的风险。另外，母公司和集团本部保留重大事项的管理和决策权，包括制定人事任免、薪酬制度及兼并和收购的决定。混合型财务管理模式的内容是构建"九统一分"的财务管控平台，通过该管控平台对企业各方面的资源（如人力、资金、信息等）构成有效整合，从而发挥集团企业的协同效应。混合式财务管控平台如图 6-11 所示。

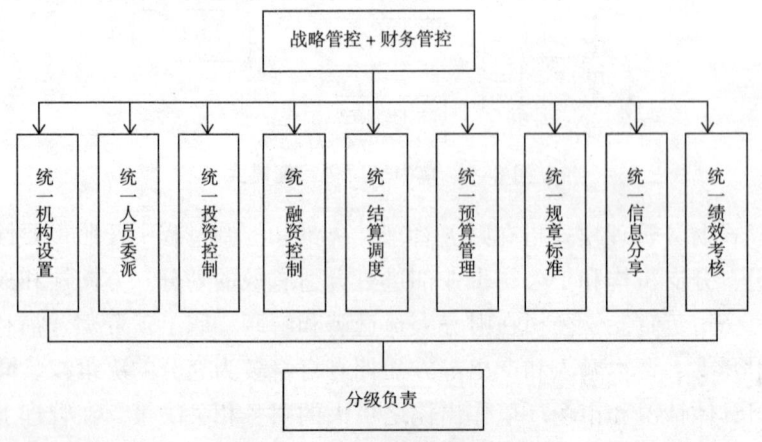

图 6-11　混合式财务管控平台

以上分析可知，传统的财务管理模式三大体制中都包含会计信息披露、预算管理、绩效评价和财务组织部门，与其他管理部门和管理流程整体融合形成财务管理模式的整个模块机制，是传统财务管理模式宏观上的体现形式。另外，传统企业财务管理活动是在集中式、分权式、混合式这三大类型的基础上进行的，对于信息披露、预算管理、资金管理、绩效评价只进行相关流程构建，而将整体活动的财权分配融合在广义的三大财务管理模式中，不进行独立模式构建。

2. 不适性

由于绝大多数大型集团都建立了集权式财务管理模式，因而本书重点以集权式财务管理模式作为传统财务管理模式的范本进行分析。传统企业如制造类企业的财务管理流程呈现出总分式的特征，集团下属分支机构和子公司在财务组织人员的管理下独立核算其经营活动中产生的会计行为并编制报表，再逐层上报，而后由集团企业根据各级部门提供的财务报表数据分析企业整体经营状况并编制合并报表。在这种模式下，传统财务管理流程有其自身步骤：①记录人员根据经济业务收集初始数据并记录；②业务部门将收集的原始凭证交给财务部门；③各项账务由财务部进行审核、核算，进行复式记账并编制凭证；④登记账簿、编制财务报表并进行整体输出；⑤集团进行审计和财产清查；⑥总公司编制合并报表。其财务管理流程如图6-12所示：

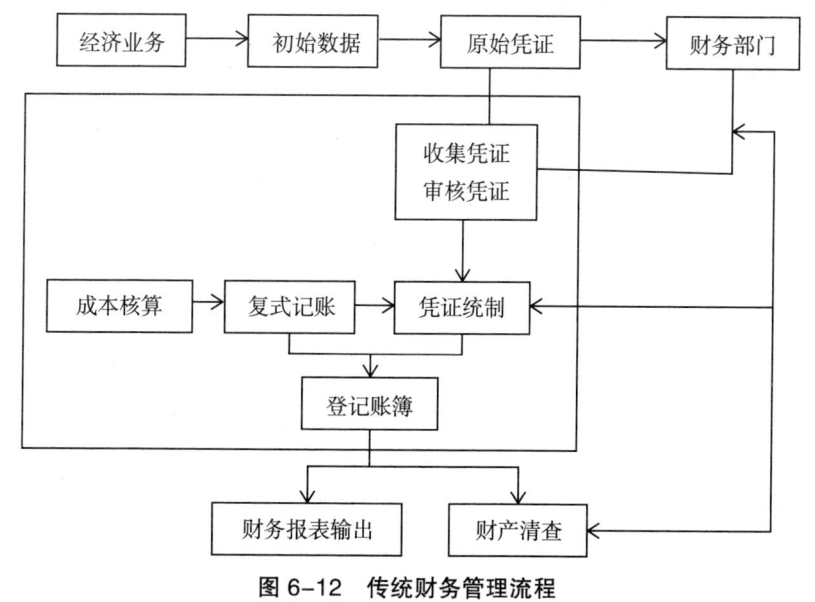

图6-12 传统财务管理流程

根据上图分析可知传统企业在财务管理流程中有如下缺陷：①过程比较烦琐，结构比较冗杂；②仅仅注重资金流，在信息流和物流方面并未有效反映；③重复加工数据，降低了财务管理效率，比较不易于反映企业真实的业务状况。

电商企业与传统企业在企业类型、生命周期、融资渠道、内部机制、营销模式、信息管理等多方面都有着较大的区别。同时，就以下方面而言，传统财务管理模式并不适合电商企业。

首先，集中式财务管理模式比较适合传统制造业的集团公司，这类型企业多为劳动密集型，其财务管理更偏向集中管理。集中管理比较容易实现资源的优化配置、提高财务管理效率。电商企业多为资金密集型企业，对劳动力的需求不高，相反对资本、信息的管理需求较高，所以传统集中型财务管理模式并不适合电商企业。

就运营模式而言，两者运营模式差异巨大，电商企业主要以互联网计算机技术为基础，基于线上运营，企业经营全面电子化，对信息反馈的速度和效率、对网站的运营维护等方面要求极高，而实体企业主要基于线下运营，因而其传统的财务管理模式的这种集中管控财务处理信息并审核的组织模式会导致电子商务企业的运营效率低下，无法进行实时监控，并造成信息不对称的后果。电商企业的模式与实体企业的运营模式完全不一样，在这种差异之下，两者分别有适合各自的财务管理模式。

就财务风险角度而言，电商企业的财务风险主要体现在融资投资风险，而传统企业的风险更多的是关注应收账款、资金回笼等问题。相比传统企业，电商企业通常都是先付款后发货模式，应收账款少很多。因此，对资本运营、风险投资等问题关注较少的集中型财务管理模式不适合电商企业。

就营运资金管理角度而言，相比传统企业，电商企业的运营成本较大，尤其在初创期通常需要大量融资做推广；运营资金主要用于平台建设、财务软件系统建设、流量资费、平台推广等，因而其银行存款也较少，更多的是融资，也因此更多地需要考虑利益相关者的权益；另外，货物运营资金较少，主要体现在物流方面，建立企业自有物流体系可大大节约物流成本，减少货物营运资金。

总之，为了适应大数据背景下互联网公司的发展，传统财务管理模式需要变革。传统的财务管理模式有诸多劣势，主要表现如下：①信息数据处理缓慢：传统的财务管理模式在信息处理和收集方面具有一定的滞后性，由于财务处理流程烦琐冗长，无法结合市场发展交易情况及时做出迅速反应、为企业经营者及时提供相关信息，从而无法及时有效地进行风险管理。②财务管理流程滞后：传统企业主要实行纸质化办公，没有实现电子化，如在线办公、在线支付等，这就决定了其财务管理的流程有一定的滞后性，同时消耗了大量的人力、物力。电子商务企业跟传统企业相比，支付方式、交易方式、办公方式均实现电子化，统一在线上进行，资金流、物流和信息流贯穿于财务管理的始终，实现了"三流合一"，拥有传统企业无可比拟的优越性。在这种背景下，为了及时跟进发展态势，提高财务管理效率和信息收集速度，企业急需尽量简化其财务组织结构和财务处理流程。另外，电子商务企业注重风险管理、内部控制以及不能忽视可能对企业有各种影响的有效信息，而传统企业则注重资金管理，因而传统财务管理模式的滞后性较难满足电子商务企业的相关需求。③财务管理效率低下：传统的财务管理中信息处理周期较长，财务流程较为烦琐，会计数据在财务部门和集团部门被层层加工和传递，这造成了数据重复加工、信息失真、管理效率低下等问题。另外，传统企业多数并未涉及信息流，其物流、信息流和资金流未实现有效结合，这就导致在主要反映资金流状况的财务数据中，滞后的会计信息无法跟物流和信息流实现统一，从而进一步导致了传统财务管理模式效率的低下。

由于电子商务对企业的财务管理有着较大且多方面的影响，传统财务管理模式有着以上这些劣势与不适性，因此，传统财务管理模式已不能被继续沿用，电子商务企业财务管理模式必须及时进行创新。下面基于电子商务环境对财务管理所产生的相关影响，就电子商务企业相较于传统企业而言财务管理模式的创新之处进行详细分析。

（三）电子商务企业财务管理模式创新点

电子商务企业财务管理模式创新点主要表现如下：一是模式集中动态化创新；二是模式网络化创新。根据电子商务企业的特性，从宏观上可将其财务管理模式分为集中动态式财务管理模式、网络式财务管理模式。具体如下：

1.集中动态式财务管理模式

集中动态式财务管理模式是指，在电子商务平台下，以计算机技术、互联网为基础，通过专业的企业财务管理软件对企业财务信息、经营数据等进行收集、整理，实时采集各项源头数据进行集中管理，将电子商务企业独有的物流、资金流、信息流进行高度共享集中整合，实现"三流合一"的一种全程动态化的全新财务管理模式。集中动态式财务管理模式，有效地利用了信息化技术，摆脱传统财务管理依赖纸质材料、计算机记账的模式，对财务管理实现实时集中化处理、实时监督，在很大程度上提升了会计核算的效率，突破了空间和时间的限制，充分发挥了会计信息的作用。集中动态式财务管理模式如图6-13所示。

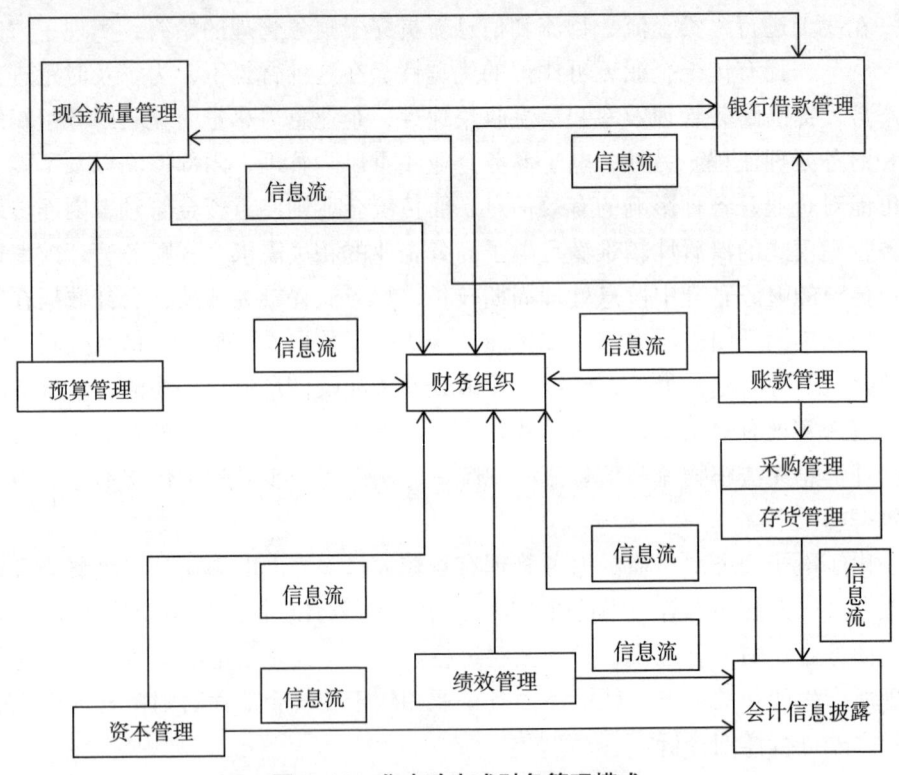

图6-13 集中动态式财务管理模式

2.网络式财务管理模式

网络式财务管理模式是指，在互联网信息技术的基础上，以财务管理为核心，将财务管理和业务管理进行一体化整合，构建的一套可处理电子单据、以电子货币进行结算的可远程操作且会计核算全程网络化的在线财务管理的一种全新的财务管理模式。与传统财务管理模式相比，这种新的财务管理模式不再是仅仅以财务会计为一体的管理模式，而是将构建的会计系统与企业其他各个部门相融合，从而实现财务与业务的协同融合。总体来说，该种模式是以信息技术为载体，通过网络手段将企业财务管理从整体上划分为财务预测、财务核算、财务监督和财务分析的现代化电子商务企业财务管理模式。网络式财务管理模式如图 6-14 所示。

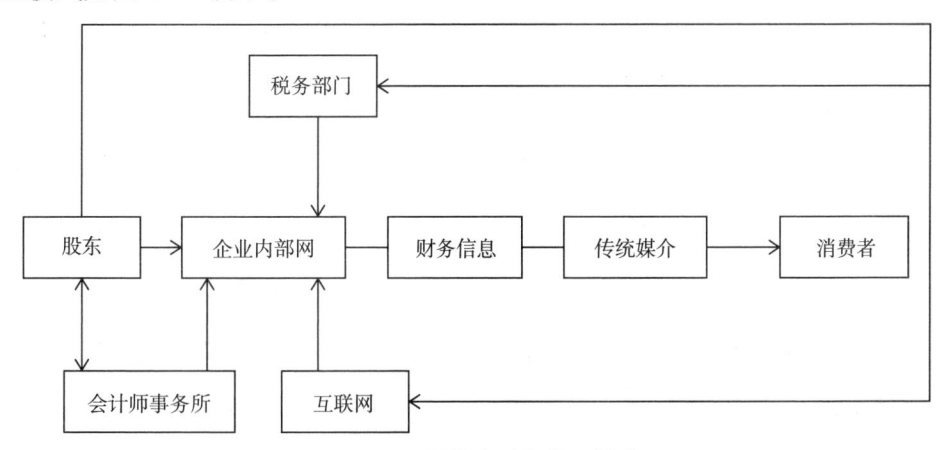

图 6-14 网络式财务管理模式

从狭义上来看，电商企业财务管理模式的主要创新点表现如下：①组织机制创新，即传统企业财务管理模式只从广义上构建组织机制体系，分为集中式、分权式、混合式三种类型，但电子商务企业则在广义的集中动态式、网络式两种机制体系基础上从狭义角度细化分级为会计信息披露模式、财务组织模式、绩效评价模式、预算管理模式，并将资本管理和财务信息管理这两大传统财务管理工作中涉及不多、重视程度不高的活动单独列出来，作为电子商务企业的两个创新模式。传统企业在这些方面只进行流程管理，不进行模式构建。②具体实施流程创新，从狭义上对电子商务六个财务管理模式实施流程与传统企业相关流程的差异进行对比并指出创新之处。

根据上面可知，电子商务企业和传统企业相比，对会计行为的信息性尤为重视，在大数据背景下，云财务以及财务共享的产生对企业财务信息管理的要求越来越高。另外，电商企业以资金密集型企业居多，对融资筹资的需求较旺盛，其通过融资能够对所获得的更好的资本进行合理配置，使其资金的应用效率在一定程度上得以提升。另外，企业需要通过资本市场筹集大量资金进行应用与运作，将筹资利用于投资以期获得新的增长点，进而实现投资收益的更高获取。因此，企业在构建财务管理模式体系中应当遵循功能化原则，具备模块化的先进思想，基于此，本书在这两种新型财务管理模式的基础上，对电子商务企业的财务管理模式继续进行细化分级，并将资本管理和财务信息管理这两大传统财务管理工作中涉及不多重视程度不高的活动单独列出来，作为电商企业的两个创新模式。并在后面的分析中主要取其狭义，对狭义上的六大财务管理模式的创新点进行分析，从而不仅从宏观上归纳其与传统财务管理模式对比之下的创新之处，还从微观上对具体财务管理流程的创新之处进行分析。如下图 6-15 所示：

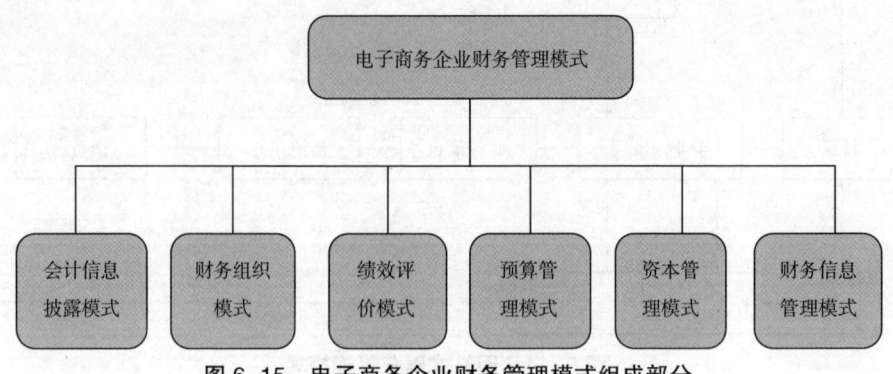

图 6-15　电子商务企业财务管理模式组成部分

根据上图与传统企业财务管理模式构成的对比分析可知，电子商务企业在传统财务管理的基础上从狭义方面对其模式进行细化分级和创新，建立了以上电子商务企业独有的这六种财务管理模式，本书主要取狭义上的财务管理模式，并对其创新点进行具体分析：

第一，财务组织模式创新点。财务组织模式创新点的主要体现：将财务部独立出来，单独管理，由过去的垂直集中管理、各部门相互连接但分工模糊、重复设置机构、财务组织重合较多，转变为强调组织网络化、财务共享化、组织独立性的组织结构创新；另外独立设立了财务共享中心，从而在根本上实现了财务组织模式的创新。

企业财务组织是企业内部人员构成和财务工作承担者的组织体系，是实现企业财务目标的一个组织群体，具有特定的职能、一定的组织架构和内部价值取向等特征。企业财务组织还具有动态性特征，即根据企业不同发展阶段、企业内部不同环境变化，同时为适应外部环境变化而进行具体调整。财务组织最主要的目标是通过服务于企业组织架构、主营业务、公司战略等，在财务工作中实现企业价值和绩效的同时为利益相关者创造价值。企业财务组织的核心是权责分配，强调集权和分权的分配平衡。所谓集权，主要指包括收益分配权、投资决定权、人事处置权、筹资选择权、战略决策权、资产运营权等在内的决定权最终在企业最高管理层集中；所谓分权就是在母公司的领导下为促进子公司的发展，大量下放权力，子公司、分支机构、事业部等拥有生产调度权、人事任免权、资源配置权、管理决策权等。这两种组织模式是较为理想化的，较少有企业能达到绝对化集权或分权。构建财务组织模式需要重点关注财务组织功能内部划分和职能分配，同时需要厘清与其他职能部门、各组织部门之间的责任义务关系、权利义务关系、剩余分配权。其中企业财务组织模式构建和组织架构主要由集权和分权的程度所决定，电子商务企业也不例外，因此，构建电子商务财务组织模式的开端就是企业财务组织权责分配。综上所述，根据电子商务企业的特性，其财务组织模式的权责分配体系分权程度较高，具体如图 6-16 所示。

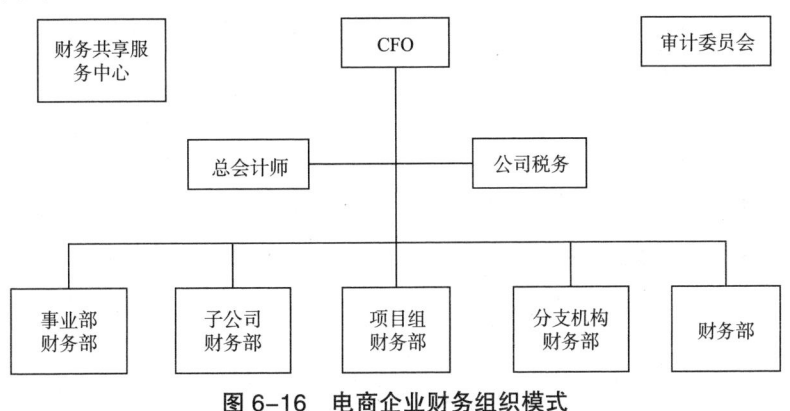

图 6-16 电商企业财务组织模式

传统企业财务组织模式的特征是集团统一管控，以同一套财务组织模式管理母、子公司，财务部门并未单独设立出来，与其他部门融合，分工状态较为模糊。其财务组织模式表现如图 6-17 所示。

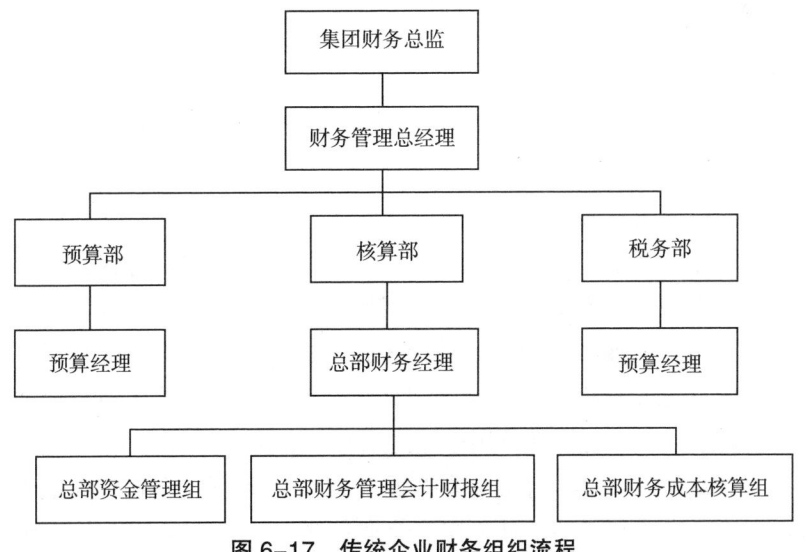

图 6-17 传统企业财务组织流程

第二，会计信息披露模式创新点。电子商务企业依然倾向于强制性的会计信息披露，自愿程度不高，其与传统企业大致相同，较为独特的是较多地谈论了电子商务会计信息的公共物品属性，虽有一定的新特征，但创新点不明显。

会计信息披露模式是指采用典型化和抽象化的方法，对一定时期内会计信息披露的内容、动因、特征、方式等状况进行分类，最终在财务信息披露定式和类型上形成代表性模式。会计信息披露模式的基本类型据国内外学者研究主要有两种，一是强制性披露，二是自愿性披露。

影响会计信息披露的主要因素：①组织因素。企业在治理过程中重视治理效率，因高效治理效率而产生良好的利好会计信息有利于帮助企业争取更好的资源和优势，因此在这种情况下，企业通常不会放弃披露机会。相反，对于治理结构不够完善的企业而言，其企业实际控制权往往在内部，其因过度集权未能有效改善而治理效率低下，为了掩盖这些事实，企业内部会设法避开会计信息披露。②企业绩效。对电子商务企业而言，披露良好的企业绩效有利于提高企业形象和商誉，增强投资人对企业的信心，可进一步扩大融资水平，吸引潜在合作者和客户。这种情况下企业自觉披露会计信息的可能性大大提升。③股权结构。电子商务企业风险投资占据着较大比重，因而其会计信息披露更加偏向强制性。

第三，预算管理模式创新点。预算管理模式创新点主要体现在实时变化性和不固定性。电子商务企业分权程度相对较高、现金流量较大，因此电商企业预算管理模式中较多地融入了薪酬激励机制。

预算管理是指在企业经营活动中以企业战略目标为导向，为确保预算资金规范运行对经济活动进行充分预测和筹划，同时对资金进行的一系列组织、调节、控制、监督活动的总称，其能有效将实际经营状况与预算目标进行对比分析，从而适时调整和改善经营活动，最大限度地实施企业战略目标，实现企业规划，是财务管理的重要组成部分。

电子商务企业预算管理模式的主要工作职能：以战略目标为指导，充分预测和筹划企业未来经济业务活动，根据实际经营状况和预算管理目标的对比及时调整经营策略，从而实现企业价值最大化，达成企业战略管理目标。基于电子商务企业的预算管理模式两面性的特征，过度宽松的预算政策可能导致企业各项成本费用的增加，使管理费用也随之增加，这就容易给企业带来较大压力；过度紧张的预算政策则不利于企业的发展，保守的预算使企业错失发展良机，在执行过程中无法大展拳脚，从而阻碍企业扩张，使企业失去竞争优势。另外，电子商务企业有着较大现金流，如果预算差距跟实际经营状况相去甚远，很容易导致资金链出现问题，给企业造成非必要损失。

电子商务企业有其独特性，生命周期也比传统企业大大缩短，因此电子商务企业在预算管理模式的选择上通常是根据企业的不同发展阶段的实际经营情况和发展状况来决定其选择取舍的，并不同于传统企业较为固定稳定的体系。电子商务企业在成立初期预算管理的核心通常是资本预算，成长期的核心是销售预算，稳定期的核心是成本预算，而衰退期的核心则是现金流量预算。

参考文献

[1] 郭泽光,等.现代企业财务管理研究[M].北京：中国商业出版社,1998.

[2] 武建平,王坤,孙翠洁.企业运营与财务管理研究[M].长春：吉林人民出版社,2019.

[3] 何伟,张守岚,于桂荣.国有企业财务管理中的监督管理研究[M].北京：经济日报出版社,2017.12.

[4] 韩静.企业战略并购财务风险管理研究[M].南京：东南大学出版社,2012.

[5] 李燕,张永刚.企业财务管理[M].南京：东南大学出版社,2017.

[6] 徐琳.加快企业财务数字化转型的措施探讨[J].企业改革与管理,2021(18)：181-182.

[7] 王慧卿.财务共享中心构建与运营中的问题与对策[J].财会学习,2021(27)：31-33.

[8] 冯建刚.论企业财务会计向管理会计的转型[J].投资与创业,2021,32(18)：50-52.

[9] 王旭昆.企业财务管理内部控制建设与风险防范策略[J].经济管理文摘,2021(18)：14-16.

[10] 魏红.经济新常态下企业财务会计与管理会计融合思考与分析[J].经济管理文摘,2021(18)：120-121.

[11] 刘行健.大数据技术对企业财务管理的影响与探究[J].经济管理文摘,2021(18)：136-137.

[12] 王剑.新形势下现代交通运输企业财务管理探究[J].经济管理文摘,2021(18)：140-141.

[13] 刘素裹.基于内控管理视角下的集团企业财务管理提升对策[J].经济管理

文摘,2021（18）：146-147.

[14] 郭萌.基于财务共享中心模式下业财融合发展的思考[J].今日财富,2021（18）：121-123.

[15] 李海凤.电子商务环境下企业财务管理对策研究[J].今日财富,2021（18）：142-144.

[16] 杨元杰.财务管理在企业经济管理中的重要作用[J].中国集体经济,2021（29）：140-141.

[17] 王家森.现代企业管理中财务会计与管理会计的融合发展研究[J].行政事业资产与财务,2021（17）：69-70.

[18] 刘青.金融危机下企业财务风险控制与防范探讨[J].大众投资指南,2021（18）：56-57.

[19] 姜丽.新形势下企业财务会计与管理会计的融合[J].商展经济,2021（17）：117-119.

[20] 马超侠.大数据时代下的企业财务分析及管理研究[J].中国乡镇企业会计,2021（9）：166-167.

[21] 刘媛.会计信息化对矿山企业财务管理实务的影响——评《有色金属矿山企业财务风险预警系统》[J].有色金属工程,2021,11（9）：145.

[22] 朱广帅,步雨龙,樊津池,等.后疫情时代中小企业财务管理方法[J].中小企业管理与科技,2021（29）：94-96.

[23] 史晓燕.浅谈集团集中管理模式下饲料企业的财务共享模式[J].中国饲料,2021（17）：108-111.

[24] 杨婧.国有企业财务管理转型升级存在的问题分析及对策[J].大众投资指南,2021（17）：92-94.

[25] 黄鼎雅.数字化转型下企业会计信息化面临的问题及对策[J].大众投资指南,2021（17）：114-115.

[26] 王雅丽.财务报表分析在企业财务管理中的应用[J].大众投资指南,2021（17）：120-121.

[27] 熊梅凤.以全面预算管理为核心的企业财务管理研究[J].大众投资指南,2021（17）：179-180.

[28] 王子轩.大数据时代下电力企业财务风险内部控制问题与对策[J].今日财

富,2021(17):130-132.

[29] 肖旭伟.大数据下企业财务信息化建设的探讨[J].中国集体经济,2021(27):145-146.

[30] 叶远康.基于新会计制度视角的国有企业财务管理路径探索[J].现代商业,2021(24):175-177.

[31] 李萱.基于内部控制的中小企业财务风险管理研究[J].财富时代,2021(8):20-21.

[32] 杜晓茜.企业财务报表分析存在的问题与对策探析[J].商讯,2021(24):39-41.

[33] 宋丽.基于内部控制视角的财务风险管控[J].商业文化,2021(24):70-71.

[34] 冯凰.金融企业财务内控管理存在的问题及对策[J].投资与合作,2021(8):41-42.

[35] 史炜.企业会计以及税务会计分离原因与模式选择[J].中国产经,2021(16):64-65.

[36] 陈智佳.制造业企业财务管理的转型与创新[J].中国产经,2021(16):90-91.

[37] 赵洁.信息化建设在国有企业财务管理中的应用研究[J].中国产经,2021(16):174-175.

[38] 李建辉.建筑施工企业财务管理存在的问题及对策[J].经济管理文摘,2021(16):158-159.

[39] 吴芳.企业财务数据化的建设与实践探究[J].经济管理文摘,2021(16):168-169.

[40] 周艳丽.业财融合在房地产企业财务管理中的应用[J].质量与市场,2021(16):43-45.

[41] 张召涛.建筑企业财务管理信息化建设的探讨[J].财富生活,2021(16):185-186.

[42] 韩苏.财务共享带给企业的挑战与机遇[J].财富生活,2021(16):21-22.

[43] 龙悦.会计财务管理及其内部控制研究分析[J].今日财富,2021(16):139-140.

[44] 苏碧玉.企业财务风险与预防控制策略研究[J].今日财富,2021（16）：155-156.

[45] 汪谦.农业企业财务管理信息化建设研究[J].农场经济管理,2021（8）：56-58.

[46] 陈倩.业财融合下传统财务会计转型的要点[J].上海商业,2021（8）：114-115.

[47] 黄巍.建筑施工企业基于业财融合的财务管理转型[N].中国建材报,2021-08-18（3）.

[48] 金艺冉.国有企业"业财一体"下平台运作探索[N].中国会计报,2021-09-24（15）.

[49] 白婧.大数据技术在智慧财务管理体系建设中的应用[N].中国建材报,2021-09-22（3）.